审定序
SHEN DING XU

上学前后的最佳伙伴！

中国儿童教育研究所 陈勉

儿童具有旺盛的精力和求知欲，具有自主学习的自然愿望，但尚未摆脱爱玩的天性。这时候，他们需要有一套优秀图书作为学习的伙伴和向导，将严肃、枯燥、被动的填充式教育变为活泼、有趣、积极的快乐学习，使他们在快乐阅读中自然而然地让各种有用的知识进入头脑，最大限度地开发出个人潜能。

针对儿童注意力难以集中、容易分心的认知特点，本套书的编撰者们在体例设计上别具匠心，突破了传统图文搭配的简单形式，将每个阅读主题通过完整而生动的场景图片展现出来，让孩子们仿佛置身于一个个令人惊奇、兴奋的乐园，在边玩边看的过程中，培养起求知、好学的兴趣，将各种"死知识"变成"活思维"，从而真正掌握知识并在现实中应用。

将需要学习的一个个知识点变成一个个引人入胜的兴趣点，将需要孩子掌握的知识技能变成他们探索未知的本领，这样的学习符合孩子的心理和愿望，不需要任何强制。读过这套书的孩子，其知识容量、学习的兴趣和能力都会在不知不觉中得到显著提升，不仅能使他们顺利地度过学校生活，更能使他们对未来的考验和挑战信心十足。

前 言 QIANYAN

广阔的动物世界生机盎然、千姿百态，不同种类的动物有着奇特的本领和迥异的习性。浩瀚的植物王国里，各种颜色、形状的植物争奇斗艳。它们是一群神奇的魔法师，把我们生活的世界装点得五彩斑斓、芬芳馥郁……动物植物是跟我们人类关系最为密切的朋友，它们共同构成了我们赖以生存的自然环境。为了帮助小朋友更好地了解动物植物的基本知识，认识我们的大自然，我们精心编写了本书。

本书共设 8 个篇章，分别为“认识动物”、“低等动物”、“鱼”、“两栖动物和爬行动物”、“鸟”、“哺乳动物”、“认识植物”和“植物大家庭”，全面而又系统地向孩子们介绍了丰富多彩的动植物王国。本书语言浅显易懂、生动有趣，适合学前阶段的儿童阅读。此外，本书还选配了大量直观、形象的图片，其中既有鲜活生动的实景照片，也有精美传神的手绘图。本书图片和文字相得益彰，是父母送给孩子的最好礼物。

希望小朋友们通过阅读本书，能够开阔视野、增长知识，真正体验到游遍动植物王国的乐趣。

如何使用本书

亲爱的小朋友，当你翻开这一页的时候，你就已经走到动植物王国的大门口了。本书分八个篇章，向小朋友们展示了有关动物植物的许多有用、有趣的知识。在使用本书时，我们还有一些小窍门要告诉大家，以便让小朋友们在畅游动植物王国的同时，享受到更多的阅读乐趣。下面，让我们一起来认识它们吧。

主标题

本章主要知识点的名称。

书眉

双数页码的书眉标出本书的系列名，单数页码的书眉标出本书的名称。

主标题说明

对本章主要知识点的一个概括性介绍。

图片说明

图片说明可分为图名和图注，它们相辅相成，对图片起了一个概括性的介绍作用，共同为知识点服务。

图片

与知识点相关的图片，能够给小朋友们带来强烈的视觉冲击，同时让小朋友们对内容有更真切的认识。

篇章页

介绍本章主要内容的文字，让小朋友们能够快速了解全章的内容要点。

辅标题

每一个具体知识点的名称。

辅标题说明

对具体知识点进行详细介绍，解开小朋友们的种种疑惑。

卡通图

活泼可爱的卡通人物，是你阅读过程中的好伙伴。

奥秘大公开

这里为你揭开许多奥秘，它们神奇、有趣，能为你带来意想不到的惊喜哦！

奇妙大看台

为小朋友们介绍了很多有趣的知识。

CONTENTS 目录

第一章
认识动物

什么是动物

动物的保护

第二章
低等动物

海葵和海星

蝴蝶和蛾

蜻蜓和螳螂

蜜蜂和蚂蚁

第三章 鱼

第四章 两栖动物和爬行动物

第五章 鸟

CONTENTS 目录

斑马

鹿和长颈鹿

骆驼

河马

象

大熊猫

狮子

CONTENTS 目录

茎

叶

花

果实

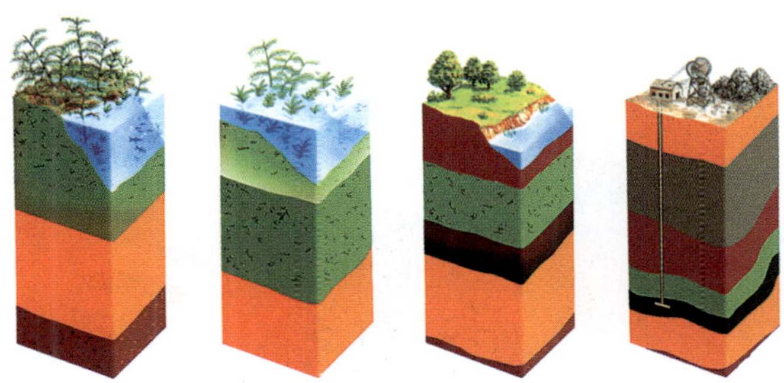

种子

第八章
植物大家庭

藻类和菌类

地衣和苔藓

CONTENTS 目录

蕨类植物

裸子植物和被子植物

水生植物和旱生植物

高山植物和极地植物

热带雨林和海边植物

粮食作物

豆类作物

油料作物

药用植物

水果

香料植物和美容植物

糖料作物和饮料作物

蔬菜

花卉

CONTENTS 目录

奇树

食虫植物

奇花异草

寄生植物

会防卫的植物

有毒的植物

植物之最

1

第一章 认识动物

动物的种类繁多，生活方式多样，足迹遍布世界的每一个角落：天上的飞鸟、水里的游鱼、草间的鸣虫、地上的走兽……本章着重从动物的特征、动物的起源和进化、史前动物、动物的分类等方面进行简单介绍，让小朋友们清晰地了解动物学的入门常识。

shén me shì dòng wù
什么是动物

正在进食的蝗虫

dòng wù shì shēng wù jiè zhōng de yī dà lèi shì jiè shang xiàn yǒu dòng wù yuē
动物是生物界中的一大类，世界上现有动物约
wàn zhǒng dòng wù néng jìn shí yǒu shén jīng yǒu gǎn jué néng yùn dòng tā
150万种。动物能进食，有神经，有感觉，能运动。它
men de cún zài ràng zhè ge shì jiè chōng mǎn le bó bó shēng jī
们的存在让这个世界充满了勃勃生机。

动物可以运动。

动物的特征

与植物相比，动物有着明显不同的特征：动物会运动，比如小鹿会快速地跑；动物有神经和感觉，比如狗被踩着了尾巴会痛得嗷嗷叫；动物要靠吃东西才能维持生命，比如羊要吃草才会长得肥壮。

蝴蝶

史前动物——恐龙

动物的起源和进化

10亿年前，海洋里仅生存着极微小的单细胞生物。5亿年前，有着坚硬外壳和体表的动物开始出现。又过了4500万年，脊椎动物开始出现。后来，一些动物来到陆地，经过不断地发展演化，形成了今天的动物世界。

早期昆虫
（巨尾蜻蜓）

史前动物

早在人类出现之前，地球上就已经有了动物，这些动物称为史前动物。史前动物是现代动物的祖先，它们有的在地球上繁盛长达上亿年之久。如今它们绝大多数都灭绝了，我们只能研究它们的化石。

斑马

动物是如何分类的

科学家根据动物一定的共同特征把动物作了分类，从大到小依次为界、门、纲、目、科、属、种。按照有无脊柱，又可以把整个动物界简单分成两大类：没有脊柱的动物叫无脊椎动物，有脊柱的动物叫脊椎动物。

鱼是典型的脊椎动物。

·奇妙大看台·

早期鸟类——始祖鸟

始祖鸟是世界公认的最早鸟类，它生活在侏罗纪晚期。它身上还保留了许多爬行动物的特征，如嘴里有牙齿，翅膀上有爪子。

始祖鸟

·奥秘大公开·

历史上出现过的最大海龟

白垩纪时期的肉食性动物——古海龟，是历史上出现的最大海龟，它的体长可达4米。与现代海龟不同，古海龟不能把头和四肢缩回壳内。

dòng wù de bǎo hù
动物的保护

rén hé dì qiú shang de dòng wù dōu bù kě
人和地球上的动物都不可
néng dān dú shēng cún zài yī dìng huán jìng hé tiáo
能单独生存，在一定环境和条
jiàn xià tā men shì xiāng hù lián xì gòng
件下，它们是相互联系、共
tóng shēng huó de bǎo hù dòng wù jì shì yī
同生活的。保护动物既是一
zhǒng měi dé yě shì měi gè rén de
种美德，也是每个人的
zé rèn
责任。

生活在野生动物保护区中的野马

珍稀动物

现在，地球上的动物数量变得越来越少了。如果不加以保护，很多动物会陆续从地球上消失。在我国，金丝猴、大熊猫、白鳍豚、亚洲象、麋鹿、藏羚羊、朱鹮等都处于濒临灭绝的状态，已被列为国家一级保护野生动物。

朱鹮是当今世界最濒危的珍稀鸟类之一，也是中国的一级保护动物。

受伤的野生虎在接受动物保护组织的治疗后会被送往野生动物保护区。

大熊猫是中国独有的，它也是濒临灭绝的动物。

拯救野生动物

为了更好地保护动物，使人与自然和谐相处，人们想尽了各种办法。比如建立动物园和野生动物保护区，国际上还成立了许多动物保护组织，最大程度地阻止濒危动物的灭绝。

2

第二章

低等动物

在动物学中，一般称身体结构简单、组织和器官分化不显著的无脊椎动物为低等动物。本章为小朋友们收录的海中低等动物有海星、海葵等，还有以昆虫为代表的陆上低等动物，如蜻蜓、蚂蚁等。读一读它们的精彩故事，一定会引起你的好奇心和求知欲的。

hǎi kuí hé hǎi xīng
海葵和海星

hǎi kuí hé hǎi xīng dōu shì hǎi yáng li de shí ròu dòng wù rú
海葵和海星都是海洋里的食肉动物。如
guǒ dān kàn wài biǎo nǐ huì jué de tā men zhǎng de zhēn shi xíng rú
果单看外表，你会觉得它们长得真是形如
qí míng hǎi kuí zhǎng de xiàng kuí huā hǎi xīng xiàng tiān shàng de xīng xing
其名：海葵长得像葵花，海星像天上的星星。

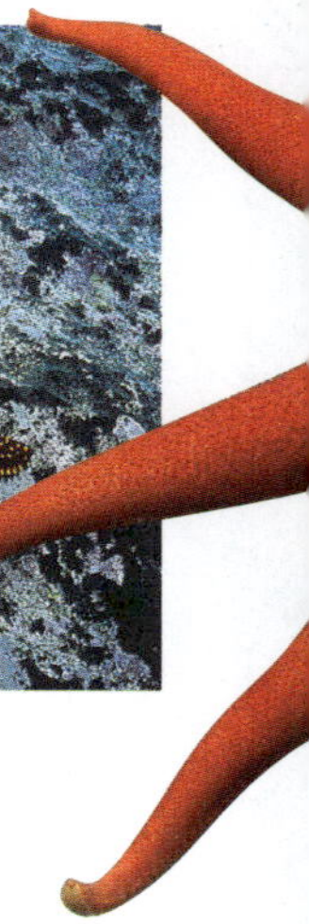
海星

海中葵花

海葵一般是黄色、绿色或蓝色的。它一般附着在岩石、贝壳、沙砾或海底，这使它看上去确实长得像葵花，不过它那不时舞动的“花瓣”却是它捕食小鱼、小虾的触手，因为它可不是“吃素”的。

海葵舞动细长的触手，以吸引小鱼、小虾的注意。

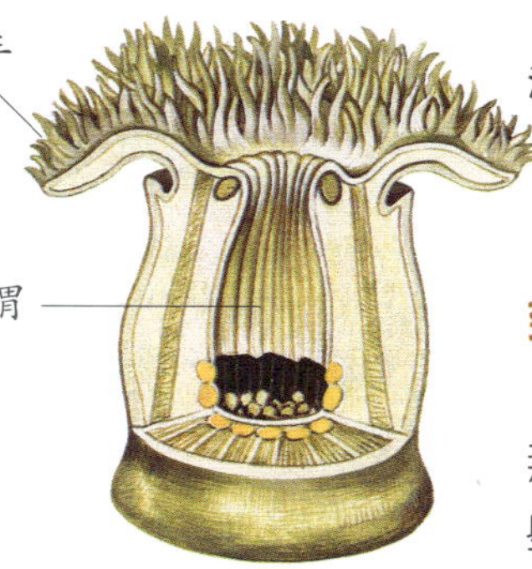

海葵的结构示意图

致命的触手

海葵会不时地舞动它那美丽柔软的触手，引诱那些好奇的小鱼、小虾靠近它。一旦这些小鱼、小虾碰上了海葵的触手，海葵就会把它们捉住吃掉。

海葵正在吃小鱼。

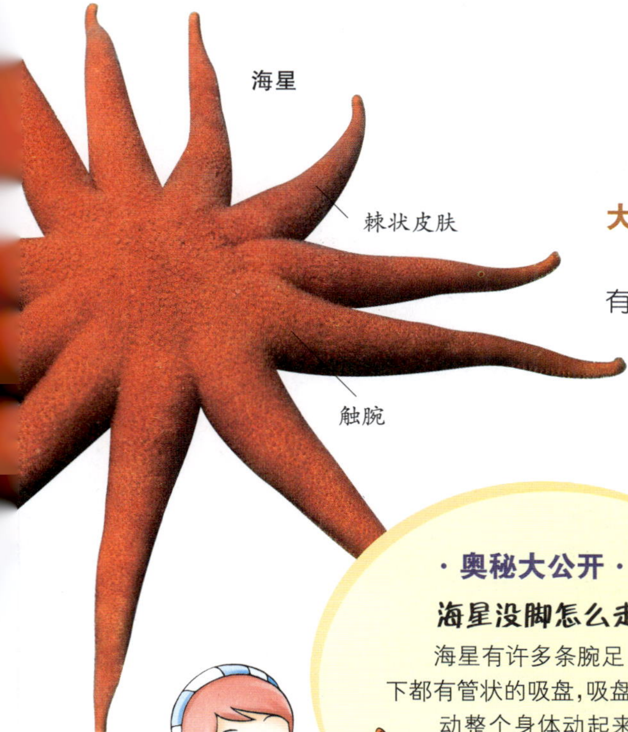

大海里的“星星”

海星是大海里的“星星”，它们的体色五彩斑斓，几乎每只都有差别。最常见的颜色有橘黄色、红色、紫色、黄色和青色。海星用它的触腕伸缩爬行，主要捕食对象是贝类、海胆、螃蟹、海葵等。

· 奥秘大公开 ·

海星没脚怎么走路

海星有许多条腕足，每条腕足下都有管状的吸盘，吸盘一蠕动，就带动整个身体动起来了。海星移动的方向，取决于它的一条较强健的腕足。

正在用餐的海星

· 奇妙大看台 ·

不怕渴的红海葵

红海葵多生活在海水退潮时留下的浅水洼里，它的体内储满了水，即使在露天的情况下也可以生存一段时间。但如果时间过长，它也会渴死。

红海葵

包围战术

海星在捕食的时候，经常采用缓慢包围的战术。它慢慢伸缩触腕靠近猎物，再用触腕上的管足捉住猎物，接着用整个身体包住猎物，把胃袋从口中吐出，利用胃袋里的消化液把猎物溶解，然后吸收掉。

砂红海星

qīng tíng hé táng láng

蜻蜓和螳螂

蜻蜓和螳螂都是肉食性昆虫。蜻蜓在空中飞来飞去，专门吃苍蝇、蚊子等小飞虫。螳螂生活在陆地上，挥舞两把“大刀”，捕食蝗虫之类的害虫。

一只蜻蜓正在捕捉一只菜粉蝶。

螳螂的眼睛在白天是透明的，到晚上就成了不透明的了，在暗处也能看清东西。

螳螂和它的食物

捉虫能手蜻蜓

如果你仔细看，会发现蜻蜓的两只大眼睛是由许多小眼睛组成的，这叫复眼。蜻蜓的复眼能灵活转动，帮它准确地侦察敌情。一旦发现苍蝇、蚊子等害虫，蜻蜓就扇动两对透明的大翅膀，勇敢地扑过去，把它们吃掉。

小蜻蜓已经能够独立捉虫吃了。

交配结束后，雌螳螂的腹部会产生泡沫，然后在上面产卵。

蜻蜓飞舞、歇息时的姿态

蜻蜓能捉住飞行中的苍蝇。

蜻蜓的童年

蜻蜓的幼虫可不是生来就会飞的，而是先生活在水里。它们在水中要待很长时间才上岸，经过多次蜕皮才能变成美丽的蜻蜓。蜻蜓的幼虫很凶猛，它们以捕食蚊子的幼虫和小鱼为生。

当小鱼一接近，蜻蜓的幼虫就迅速地伸出下唇，咬住它。

螳螂前腿的前一节可折叠，后两节可夹紧猎物。

·奥秘大公开·

为什么蜻蜓要点水

夏天，我们经常会看到蜻蜓用腹部在水面上一点一点的。那可不是它在贪玩，而是在产卵，因为蜻蜓的幼虫是在水中生活的。

刽子手螳螂

螳螂的样子很奇特：三角眼，长脖子，大肚皮，细长腿，特别是加上它那两把锋利的“大刀”（前足），活生生一个刽子手的形象。

产卵的螳螂

螳螂的“家事”

螳螂的家庭生活很特别。当雌雄螳螂交配以后，雌螳螂就会吃掉雄螳螂。原来雌螳螂产卵需要大量营养，而单靠捕捉昆虫所获得的营养是远远不够的，所以才会吃掉丈夫。

hú dié hé é
蝴蝶和蛾

hú dié hé é tóng shǔ yú kūn chóng zhōng de lín chì mù hú dié
蝴蝶和蛾同属于昆虫中的鳞翅目。蝴蝶
de tǐ sè duō xiān yàn měi lì bái tiān chū lái huó dòng ér é de tǐ
的体色多鲜艳美丽，白天出来活动；而蛾的体
sè tōng cháng àn dàn tā men dōu shì zài yè li chū lái huó dòng de
色通常暗淡，它们都是在夜里出来活动的。

蝴蝶

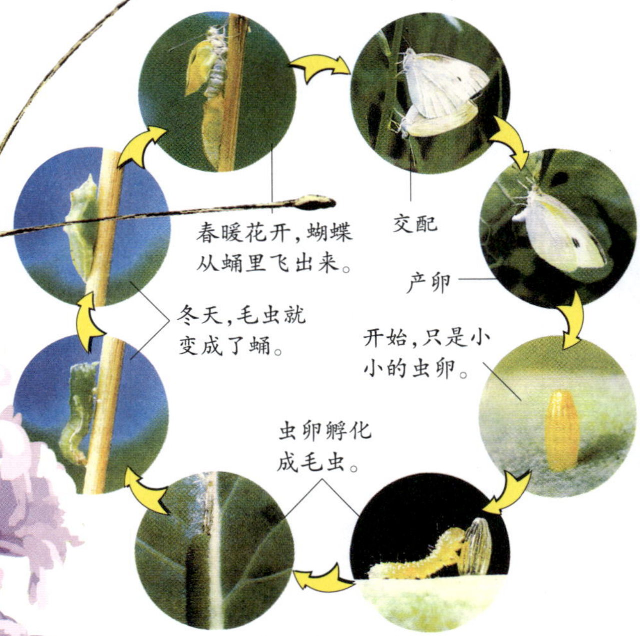

菜粉蝶的一生

蝴蝶的五彩衣

蝴蝶的五彩衣令人惊奇：有的身披光亮的黄色鳞片，有的浑身闪耀着天蓝色的光芒；有的（枯叶蝶）形似枯叶，落在树叶上难以分辨；有的（数字蝶）背上印有两个醒目的“8”字……

蝴蝶幼虫身上有许多吓人的斑纹，可以把它们的天敌吓跑。

大蚕蛾

·奥秘大公开·

蝴蝶翅膀上的"粉末"有什么用

蝴蝶翅膀上的"粉末"其实是一些细小的鳞片，正是这些鳞片相互交叠才形成了蝴蝶身上绚丽的色彩和独特的图案。这些鳞片一旦脱落，就不会再长出来了。

蛾的斑斓外套

蛾的外表不如蝴蝶漂亮，但也自有"魅力"。比如，骷髅天蛾的背面长着恐怖的骷髅图案，使许多动物都不敢靠近；夹竹桃天蛾的体表斑纹好似迷彩服，令许多捕食者感到迷惑；大蚕蛾翅膀上的两只眼状斑块，也可吓退捕食者。

骷髅天蛾

丝绸蛾

夹竹桃天蛾

月夜下，蛾正在吸食花蜜。

蛾的夜生活

蛾的种类估计有20万种以上。不同种类的蛾，活动的时间也不尽相同，通常是在傍晚五六点钟，活动比较频繁。蛾的食物很杂，像花、果、叶等它们都喜欢吃。

·奇妙大看台·

蝴蝶和飞蛾的区别

蝴蝶的触角像两根小细棒，顶端呈球形，而飞蛾的触角像两支羽毛。蝴蝶的翅膀宽大，在不飞的时候能折叠，而飞蛾的翅膀在不飞时不能折叠。

蝴蝶

飞蛾

mì fēng hé mǎ yǐ
蜜蜂和蚂蚁

mì fēng hé mǎ yǐ dōu shǔ yú qún jū xìng de kūn chóng tā men gè zì
蜜蜂和蚂蚁都属于群居性的昆虫。它们各自
de jiā zú fēn gōng míng què mì fēng jiā zú yóu fēng hòu xióng fēng hé gōng
的家族分工明确：蜜蜂家族由蜂后、雄蜂和工
fēng zǔ chéng ér mǎ yǐ jiā zú yóu yǐ hòu xióng yǐ hé gōng yǐ zǔ chéng
蜂组成，而蚂蚁家族由蚁后、雄蚁和工蚁组成。

①储存花蜜。②打扫房间。③工蜂出生。④检查归来的同伴。⑤照顾蜂后。⑥用蜂蜡筑巢。

采蜜舞蹈家

蜜蜂采蜜时是通过舞蹈来沟通信息的。首先，侦察蜂发现花蜜后就会带些花粉飞回来，不停地跳舞。如果花蜜在近处，侦察蜂就跳圆形舞；如果花蜜离家远，侦察蜂就跳“8”字舞。同伴们看了侦察蜂的舞蹈，就知道花蜜在哪里了。

·奥秘大公开·

动物中的大力士

蚂蚁是动物界当之无愧的“大力士”，能举起超过它体重50倍的物体。原来蚂蚁腿部含有一种特殊的化学物质，能够把潜藏的能量释放出来，产生巨大的动力。

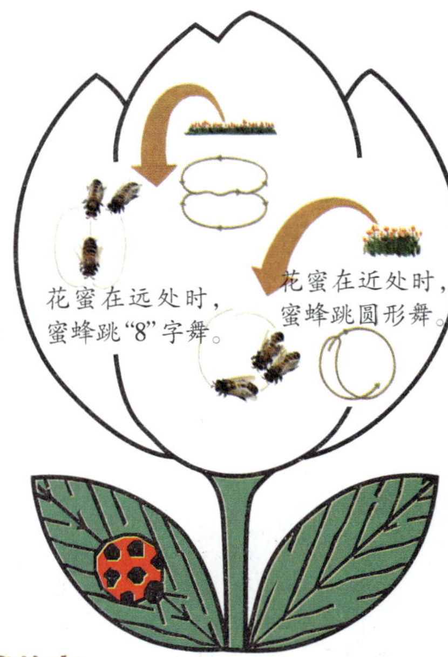

蜜蜂在采蜜的同时，也给花授粉了。

蜜蜂的家

蜜蜂的家，学名叫蜂巢。根据功能的不同，蜂巢分为几个小房间，有产卵用的，有养育小蜜蜂用的，还有用来储存食物的。蜂后和雄蜂负责生育后代，工蜂负责采集花粉和花蜜，还有的蜜蜂负责侦察、保卫等。

蚂蚁搬家

在下大雨前，蚂蚁们就会在窝周围搬东西，把“家物”挪到高处去。原来蚂蚁生活在地下，对湿度特别敏感，大雨前空气湿度变大，蚂蚁感觉不妙就先做好准备了。

南美切叶蚁

蚂蚁是典型的群居性昆虫。

蚂蚁的食物

蚂蚁的食性较杂：有的吃肉，有的吃草，还有一些属于食腐动物——收集任何可以吃的东西为食。比如，常成百万出动的食肉军蚁能将沿途的大小动物横扫一空；南美的切叶蚁会切下树叶，种植真菌为食物；贮蜜蚁喜欢吸食花蜜。

贮蜜蚁

·奇妙大看台·

正六角形的蜂窝

蜜蜂家里的每个“房间”都是正六角形的。从物理学角度讲，只有正六角形的房子才是最坚固的，而且是用材料最少的，既安全又不会浪费空间。

蜂窝

多数蚂蚁在大雨来临前会成群搬家。

xiā hé páng xiè

虾和螃蟹

xiā hé páng xiè dōu shǔ yú jiǎ qiào dòng wù yīn wèi tā men
虾和螃蟹都属于甲壳动物，因为它们
de tǐ wài dōu yǒu yī céng shí huī zhì de wài ké tā men dōu
的体外都有一层石灰质的外壳。它们都
shēng huó zài shuǐ zhōng xiā bù néng shàng àn ér páng xiè kě
生活在水中。虾不能上岸，而螃蟹可
yǐ zài lù dì shang duǎn qī shēng huó
以在陆地上短期生活。

珊瑚蟹

龙虾

·奥秘大公开·

世界上最壮观的动物群

世界上最壮观的动物群是由磷虾组成的群体。有时，一个虾群可以形成500米长、数百米宽的队伍。而每立方米海水中，磷虾的数量多达3万只！

长须游侠

江、河、湖、海中都有虾。虾类包括虾、虾蛄、龙虾等。它们有坚硬的外壳，并且有细长的触角，慢慢地游来游去，是名副其实的“长须游侠”。

虾的一生

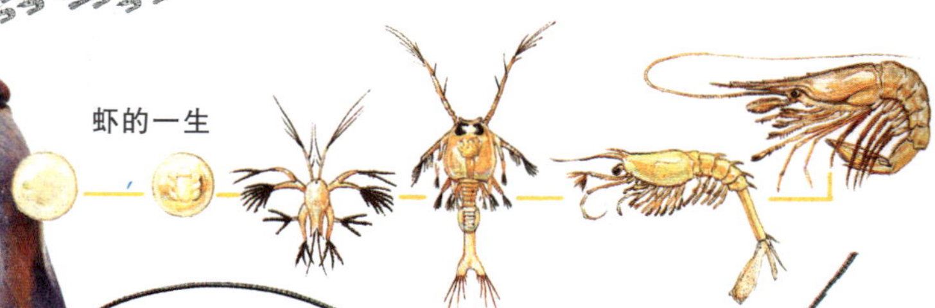

横行霸王

螃蟹生活在水中，和鱼一样用鳃呼吸。由于螃蟹的鳃片能储存水分，所以它们还可以安然地在沙地上爬行。又因为螃蟹喜欢横着走路，再加上它们拥有比虾还大的螯，显得很威武，所以人们都叫它们“横行霸王”。

寄居蟹喜欢住在空的海螺壳里。

3

第三章

鱼

鱼类是地球上最早出现的脊椎动物。按骨骼软硬，鱼类可分为软骨鱼和硬骨鱼。软骨鱼全身的骨架都是由软骨组成的，比如鲨鱼就是典型的软骨鱼。而硬骨鱼的骨骼完全是由硬骨组成的，我们在公园里常见的金鱼就是硬骨鱼。

鲨鱼

鲨鱼在大海中生存了3亿年，是地球上最早出现的鱼类之一。它们是海洋中的“恶魔”，其锋利的牙齿不仅让其他鱼类惧怕，也令人类胆战心惊。

鲨鱼的身体

大白鲨是鲨鱼中最可怕的一种，人们叫它们“食人鲨”。

没有鳔的鱼

鱼类一般都有鱼鳔，并且靠着鱼鳔自由地上浮和下沉。而鲨鱼却没有鱼鳔，它只有靠不停地游动，才能保证自己不沉入海底。不停地运动，使鲨鱼的体格十分强健，成为鱼类中的强者。

·奇妙大看台·

卵胎生的鲨鱼

大多数的鱼都是卵生的，而鲨鱼却是卵胎生的。雌鲨鱼受精后，卵在腹中要等到孵化后才出来。有些小鲨鱼甚至要在母体中生活一年多的时间。

母鲨鱼

贪吃的大家伙

鲨鱼的食物很杂，它主要以微小的浮游生物为食，还吃小鱼、海龟、海鸟、海豹等动物。令人惊奇的是，鲨鱼还能吃下尼龙衣物、笔记本、碎布片、皮靴，甚至钢盔等无法消化的东西。

鲨鱼摆动它庞大的身体不停游动。

从大白鲨的口中，可以看到新长出的牙齿。

易掉的牙齿

由于鲨鱼的牙齿没有牙根，所以不大牢固，每回吃东西的时候，总会掉下几颗。不过，你也不必担心。它的牙齿是不会掉光的，因为鲨鱼有好几排牙齿，前排的磨损了，后排很快会长出一副新牙齿，并慢慢前移，来接替前排的老牙齿。

鲨鱼的体形为流线型，这使它的游泳速度很快。

·奥秘大公开·

所有的鲨鱼都吃人吗

鲨鱼常被列入凶残动物的黑名单，但实际上，只有少量的鲨鱼攻击人类，而且是在它们非常饥饿并闻到血腥味的时候。

虎鲨全长可达7米，其嗅觉敏锐，比其他鲨鱼更容易攻击人类。

灵敏的嗅觉

鲨鱼的嗅觉相当灵敏，特别是对血液的味道很敏感。比如，鲸被捕杀后，鲨鱼在很远处就会闻到血腥味，从而很快赶到。

鲨鱼是海洋中强大的猎食者。

jīn yú
金鱼

jīn yú shì wǒ guó tè yǒu de yī zhǒng
金鱼是我国特有的一种
guān shǎng yú tā men de tǐ biǎo yǒu
观赏鱼。它们的体表有
hóng huáng bái zǐ děng yán sè kàn
红、黄、白、紫等颜色，看
shàng qu hěn piào liang rén men chēng
上去很漂亮，人们称
tā men wéi shuǐ zhōng de huā
它们为“水中的花”。

各种各样的金鱼是由鲫鱼变异而来的。

·奥秘大公开·

为什么金鱼缸里要放水草

在金鱼缸里放些水草，是为了解决水里氧气不足的问题。因为水草在水里会放出氧气，这样金鱼在鱼缸里才能得到足够的氧气进行呼吸，才能生活得自由快乐。

金鱼的祖先

金鱼是一种人工品种，是由我们常见的鲫鱼演变而来的。最初，某些野生鲫鱼会变成金鲫鱼，金鲫鱼再经过长期的人工培育，才变成金鱼。

早在南宋时期，人们就对金鱼进行人工驯化。

会变色的金鱼

刚孵化出来的金鱼全身是透明的，长到1个月左右就开始出现各种各样的斑点。金鱼的颜色在夏天变得最快、最明显，到了冬天就不变色了。

4

第四章 两栖动物和爬行动物

两栖动物和爬行动物被称为变温动物，也就是说它们的体温都不固定。两栖动物在陆地上和水中都能生活，而爬行动物身披坚硬的鳞或甲，能贴地爬行。本章为小朋友们精选的雨蛙、牛蛙等两栖动物，形态各异，别有情趣。而当你读过眼镜蛇、鳄鱼等爬行动物的生动介绍后，你也会了解不少爬行动物的“家事”了。

wā lèi
蛙类

wā lèi shì liǎng qī dòng wù de dài biǎo bāo kuò qīng wā chán chú
蛙类是两栖动物的代表，包括青蛙、蟾蜍
děng tā men shì yóu xiǎo kē dǒu biàn chéng de chéng nián hòu jiù méi yǒu
等。它们是由小蝌蚪变成的，成年后就没有
le wěi ba wā lèi hòu tuǐ cháng qián tuǐ duǎn shàn yú tiào yuè
了尾巴。蛙类后腿长，前腿短，善于跳跃。

雨蛙

雨蛙是超级“乐师”。它的鸣囊就是“音箱”，充气后就像圆气球，唱得越响，“气球”就越大。雨蛙还能预报天气：如果在树上捉高飞的虫子或上树捉虫，就表示晴天；如果下地活动，就要下雨了。

青蛙

青蛙长着一对大眼睛，背多为绿色，肚皮白色，喜欢一跳一跳的。它们生活在池塘和水田里。后脚趾之间有蹼相连，可用来拨水游动，增加推动力。它们多在夜间出来捉虫子，是农田的小卫士。有的地方也把它们叫做田鸡。

牛蛙

牛蛙的得名是因为它们那“哞哞”的叫声很像牛叫。牛蛙体表有绿色或棕色的条纹，但雌雄的体色有些不大一样。它们的胃口很大，能吃昆虫、软体动物和小鱼，甚至能吞吃小鸭子。野生牛蛙体重可达600克，是蛙中“巨人”。

牛蛙

·奥秘大公开·

摸了蟾蜍会长癞吗

摸了蟾蜍身上的疙瘩是不会长癞的。那些疙瘩其实是一种皮脂腺，能分泌一种有毒的黏液，这一点毒性对人不起什么作用，但如果不小心进了眼睛里是会疼痛的。

蛙类的成长过程

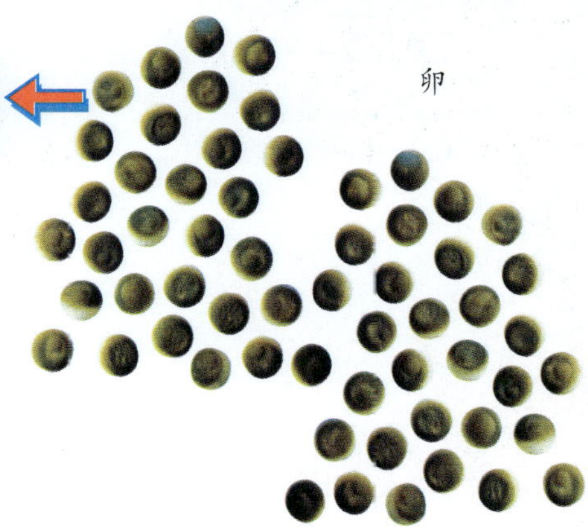

水蟾蜍

·奇妙大看台·

在树叶里产卵的蛙

红眼树蛙生活在热带雨林里。雌蛙把卵产在池塘边悬下的大树叶上。蝌蚪孵化后，就会掉入水中，待长成小树蛙后就会爬到树上生活了。

红眼树蛙

蟾蜍

蟾蜍，俗名叫癞蛤蟆。别看它的皮肤疙疙瘩瘩的，那是它防止水分过度蒸发和散失的保护衣。也别嫌它丑，它一夜吃掉的害虫要比青蛙多好几倍呢。它绝大部分时间生活在陆地上，只有在产卵的时候才回到水里。

蟾蜍

guī 龟

guī gòng yǒu shù bǎi zhǒng yǒu dàn shuǐ guī hǎi guī hé
龟共有数百种，有淡水龟、海龟和
lù guī děng jǐ dà lèi tā men sì zhī cū zhuàng zhǐ shang
陆龟等几大类。它们四肢粗壮，趾上
yǒu pǔ zhuǎ hái yǒu jiān yìng de wài ké bǎo hù zhe shēn
有蹼爪，还有坚硬的外壳保护着身
tǐ jiù xiàng gǔ dài wǔ shì de kuī jiǎ
体，就像古代武士的盔甲。

为了吃到鲜嫩的仙人掌，象龟把脖子伸得很长。

象龟能把喝下的水储存起来，所以不怕干旱。

蠵龟产卵时首先挖一个1米深的洞。

蠵龟一次可以产下100多个乒乓球大小的卵。

象龟

世界上最大的龟是象龟。最大的可重达375千克，背甲有2米多长。它们的四肢像象腿一样粗壮，走起路来大摇大摆。别看它长得大，却只吃植物。

蠵龟

蠵龟生活在海洋里，除了产卵之外，从不到陆地上来。它不大会走路，在水中却进退自如。它很喜欢吃海藻，也吃螃蟹、水母、海绵等。蠵龟产卵时，都要回到自己的出生地去。产卵后，再用沙子将卵盖上，靠太阳的热量孵化。

·奇妙大看台·

珍贵的玳瑁

玳瑁是一种海龟，主要生活在热带、亚热带海洋中。在海洋龟类中，它们的个头最小，身长仅50厘米左右。在古代，玳瑁的外壳是珍贵的装饰品，被列入宝石之列。

玳瑁

行动缓慢的陆龟

绿毛龟

绿毛龟

绿毛龟生活在淡水中，它的身上长满了柔软的“绿毛”，在水中飘飘扬扬，看起来非常美。其实，龟是不长毛的。龟背上的“绿毛”实际上是一种藻类植物，它牢牢地附生在龟背上，看上去很像是长出来的绿毛。

沼龟

沼龟

沼龟生活在池塘、河流、湖泊等处。它的背甲是椭圆形的，好像鸭蛋一样，体形是流线型的，脚上的蹼很发达，所以它能在水中能快速游动。除了到水边木头上晒太阳外，很少从水里出来。

·奥秘大公开·

乌龟和甲鱼有什么区别

甲鱼就是鳖，长得像乌龟。但二者还是有区别的：首先，乌龟的壳是硬的，而甲鱼的外壳实际上是一层柔软的皮肤。其次，乌龟的嘴是圆圆的，而甲鱼的嘴像猪鼻子。

shé
蛇

shé shì yī zhǒng cháng jiàn de pá xíng dòng wù
蛇是一种常见的爬行动物。
tā men shēn tǐ xì cháng biàn bù lín piàn méi yǒu sì
它们身体细长，遍布鳞片，没有四
zhī què xíng zǒu rú fēi shé de zhǒng lèi hěn duō yǒu
肢，却行走如飞。蛇的种类很多，有
de yǒu dú yǒu de méi dú
的有毒，有的没毒。

蟒蛇多生活在热带近水的森林里。

吞卵蛇吞卵的过程

得克萨斯鼠锦蛇幼蛇

捕鼠蛇

捕鼠蛇一见到老鼠就穷追不舍，甚至钻进老鼠洞，不吃掉老鼠决不罢休。因此，人们叫它“没有脚的猫”。有些地方的人就专门饲养捕鼠蛇，帮助捕捉老鼠。捕鼠蛇很恋家，如果带它到远处，它总会爬回老家。

捕鼠蛇会用细长的身体紧紧地缠住老鼠，再吃掉它。

蚯蚓蛇

蚯蚓蛇的外貌很像蚯蚓，它是世界上最小的蛇。这种蛇没有毒，平时生活在花园泥土下或院子的花盆里，只有在晚上或阴雨天才出来活动。长期的地下生活，使它的视力极差，因此人们也叫它“盲蛇”。

树上的眼镜蛇

蚯蚓蛇长期生活在地下。

有时，人们会在花盆里发现蚯蚓蛇。

·奥秘大公开·

不断蜕皮的蛇

蛇的鳞片是由皮肤最外层的角质层变成的，比较坚韧，不能随身体的长大而生长。所以，蛇长大一些就要蜕一次皮。蜕皮后新长出的鳞片比原来的要大些，以适应变粗变长的身体。

正要发起进攻的眼镜蛇

吞卵蛇

在非洲和印度，有些蛇以鸟蛋为食，而且是整个吞下去，所以人们叫它“吞卵蛇”。它的咽喉里长着尖利的骨刺，可以刺破吞下的鸟蛋外壳，使蛋清和蛋黄流到胃里消化。然后，它再通过有力的肌肉伸缩，吐出蛋壳。

眼镜蛇

眼镜蛇是毒蛇，被称为“蛇中之王”。捕猎时，眼镜蛇通过牙齿咬住猎物，并注入毒液，麻痹猎物后再吞下。当它发怒的时候，身体会立起来，脖子变得扁平，同时发出“呼呼”的恐吓声，非常恐怖。

张大嘴巴的鳄鱼

è yú
鳄鱼

è yú shì dà xíng pá xíng dòng wù tā men de quán shēn yǒu huī hè sè
鳄鱼是大型爬行动物。它们的全身有灰褐色
de yìng pí hǎo xiàng kuī jiǎ yī yàng tā men shàn yú yóu yǒng xìng qíng xiōng
的硬皮，好像盔甲一样。它们善于游泳，性情凶
měng bǔ shí yú wā niǎo lèi děng yǒu shí yě bǔ shí dà xíng dòng wù
猛，捕食鱼、蛙、鸟类等，有时也捕食大型动物。

眼睛露在水面，随时注意岸上的情况。

有力的尾巴推动鳄鱼在水中游动。

鳄鱼只有晒太阳和产卵时才上岸，其余时间都在水里。

等级森严

在鳄鱼群体中，体形最大、最具攻击性的雄性鳄鱼就是最有权力的“家长”。当一群鳄鱼在水中游泳时，“家长”会很霸气地在水面上游泳，而其他地位较低的鳄鱼只能小心翼翼地露出头部。

鳄鱼的食物

水下偷袭

鳄鱼常常半潜伏在水底，把双眼露在外面，一动不动，就像一段烂木头浮在水面上，发现猎物后就悄悄地游过去，在接近猎物的一瞬间，鳄鱼就猛扑上去。

鳄鱼捕到大型动物时，就把它拖到水下憋死。

· 奥秘大公开 ·

鳄鱼为什么要吞石头

鳄鱼有时会吞石头。原来这些石头能起到跟轮船内的压舱物一样的作用。有了这些石头，鳄鱼潜水更便利，也更能稳定地游动。另外，石头还能帮鳄鱼消化食物。

5

第五章

鸟

鸟类是脊椎动物的主要成员，目前人们在地球上已发现9000多种鸟。它们嘴里没有牙，身上披着羽毛；除了企鹅、鸵鸟等少数鸟外，绝大多数鸟都会飞。本章将向你展示一些有代表性的鸟类，如：会迁徙的天鹅和大雁、好“炫耀美丽”的孔雀……

天鹅

tiān é hé dà yàn
天鹅和大雁

大雁

tiān é hé dà yàn dōu shǔ yú tóng yī lèi niǎo yàng zi yě yǒu jǐ
天鹅和大雁都属于同一类鸟，样子也有几
fēn xiàng ér tiān é yào bǐ dà yàn de tǐ xíng dà tā men dōu shēng huó zài
分像，而天鹅要比大雁的体形大。它们都生活在
hú pō li yóu yǒng hé gāo fēi shì tā men de ná shǒu hǎo xì
湖泊里，游泳和高飞是它们的拿手好戏。

天鹅的生活

优雅的身姿

天鹅是鸟中的优雅一族。它在游水的时候，头总是高傲地抬着，细长的脖子能灵活地转来转去，嘴里时不时发出洪亮的鸣叫声。它的脚蹼很宽大，像船桨一样，这使它划水的速度飞快。

失去伴侣的天鹅从此会孤独一生。

忠实的伴侣

每一对天鹅都很恩爱，它们总是在一起觅食、戏水、休息，甚至在长途飞行中也从不分离。如果它们中有一只不幸死去，另一只会在伴侣的尸体上空盘旋，发出悲鸣，久久不肯离去。此后，这只天鹅也将孤独一生，直至死去。

天鹅飞到南方过冬。

在长途飞行中，大雁排成整齐的队伍。

典型的候鸟

“秋天到了，一群大雁往南飞，一会排成个‘一’字，一会排成个‘人’字……”这段熟悉的文字形象地描绘了大雁是一种候鸟，具有迁徙的习性。原来，北方的冬季冰天雪地，大雁不容易觅食，为了生存，它们便结队飞行，到食物丰富而温暖的南方去过冬了。

·奥秘大公开·

有保护作用的羽毛

鸟的羽毛可以调节体温，就像穿了一件冬暖夏凉的衣服。另外，鸟受到外力袭击时，羽毛还能有效保护鸟的身体不受外伤。

大雁的生活

睡觉

母雁用嘴把掉出来的蛋捡回来。

·奇妙大看台·

最大的天鹅

世界上最大的天鹅是疣鼻天鹅。一般体长为125~155 厘米，两翼展开为200~240 厘米。它们全身羽毛雪白，体态优雅，善于飞行，但起飞时需要长距离加速跑。它们以水生植物、软体动物和其他水底动物为食物。

疣鼻天鹅

大雁也叫“灰天鹅”。

集体生活

当雁群从天空飞过时，你会听到几声嘹亮的鸣叫声，这是强壮的大雁在鼓励落在队伍后的同伴。如果中途有哪只大雁因生病而跟不上队伍，雁群会留下一只大雁照顾它，直到它病好后继续飞行。

鹤

鹤的外形特点是三“长”：尖长的嘴，修长的脖子，细长的脚。它们不光体态端庄，一举一动也很优雅：不紧不慢地啄食鱼虾，展翅高飞，翩翩起舞……

交配期间，雌雄鹤总是通过展示舞技、高声鸣叫来吸引对方。

丹顶鹤

丹顶鹤的头上有一个红色肉冠，就像寿星头上的肉瘤，这就是它的名字的由来。它的毛色纯洁，体态轻盈，叫声清脆悦耳，一副仙风道骨的模样，人们便又送给它“仙鹤”的美名。

丹顶鹤是我国的一级保护动物，它是世界上最大的珍稀鹤类。

正在睡觉的灰鹤

灰鹤

灰鹤是鹤类中数量最多的成员。它们的头部羽毛是红黑相间的，其他地方的羽毛全是灰色的。灰鹤在睡觉的时候，总是单腿站立，并且把嘴插在翅膀下。

蓑羽鹤

蓑羽鹤是鹤类中体形最小的一种。它们的羽毛以灰色为主，背上披着蓝灰色的羽毛，就好像穿了一件蓑衣。蓑羽鹤天性内向，胆小害羞，从不和其他鹤类来往，经常孤零零地在水边散步。

大部分鹤是候鸟，能在3000米的高空飞行。

雄灰鹤通常会用优美的舞姿来表达爱意。

蓑羽鹤

· 奥秘大公开 ·

丹顶鹤能活多久

在适宜的环境条件下，丹顶鹤能活到60多岁，在鸟类中算是比较长寿的了。因此人们常把丹顶鹤称作“寿星”。

白鹤

白鹤的外表羽毛洁白，只有在两翅展开时才露出里面的黑色，所以又叫“黑袖鹤”。和其他种类的鹤不同的是：它的嘴呈棕黄色，像一把长刀，而细长的腿却是粉红色的。白鹤实行“一夫一妻”制，相互很恩爱。

白鹤主要栖息在水边和沼泽地上。

kǒng què
孔雀

各种孔雀

kǒng què shì shì jiè shang zuì piào liang de niǎo lèi zhī
孔雀是世界上最漂亮的鸟类之
yī tè bié shì xióng kǒng què shì chū míng de měi nán
一，特别是雄孔雀，是出名的“美男
zǐ wěi ba de yǔ máo hěn cháng hěn měi lì néng
子”：尾巴的羽毛很长、很美丽，能
xiàng zhé shàn yī yàng dǎ kāi guāng cǎi zhào rén
像折扇一样打开，光彩照人。

凤凰是传说中的百鸟之王。

凤凰的化身

我国古代传说，美丽的凤凰是百鸟之王，人们常用它来象征祥瑞。当然，凤凰实际上是不存在的，它的原型却是有的，那就是孔雀。

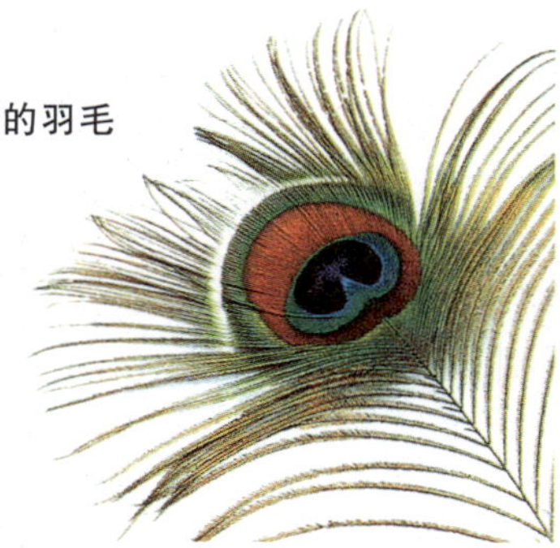

孔雀的羽毛

孔雀开屏

人们常说的“孔雀开屏”，指的是雄孔雀展开尾部的羽毛。雄孔雀的羽毛大多为翠蓝和翠绿色，具有金属的光泽，展开尾屏的时候，就形成了一个绿色、蓝色的耀眼“扇面”，非常漂亮。

·奥秘大公开·

孔雀因为爱美才开屏吗

雄孔雀可不是因为爱美才开屏。这里主要有两个原因：一是向雌孔雀表达爱意，二是为了保护自己。因为尾屏上的圆形斑纹很像一只只大眼睛，能吓跑敌人。

孔雀在树上睡觉。

机警生存

孔雀不善飞行，遇到敌害大多靠大步飞奔逃生。所以，孔雀平时很机警。在清晨，孔雀会静悄悄地走到河边去喝水和整理羽毛，然后结队到树林觅食。天黑后，会落在树上，看四周没有动静，才把头插在翅膀下睡觉。

小孔雀的成长

雌孔雀每次产 4~8 枚卵。小孔雀出生后，会追随在妈妈左右，一遇到危险就藏在妈妈的尾巴下面。它们吃各种谷物、浆果、小昆虫等，有时也吃小型爬行动物。它们长得很慢，3 岁时才长成和成年孔雀一样的羽毛。

孔雀的翎毛在阳光下闪闪发光。

雄孔雀以尾羽绚丽而闻名。

刚出生的小孔雀长得像小鸡。

yīng wǔ
鹦鹉

虎皮鹦鹉是鹦鹉家族中个头最小的种类。

yīng wǔ pī zhe yī jiàn piào liang de wǔ cǎi huá yī
鹦鹉披着一件漂亮的五彩华衣，
zhǎng zhe jiān yìng de zuǐ hé ruì lì de zhuǎ zi yīng wǔ
长着坚硬的嘴和锐利的爪子。鹦鹉
hái shì zuì cōng míng de niǎo zhī yī zài rén lèi de xùn
还是最聪明的鸟之一。在人类的训
liàn xià tā kě yǐ xué huì shuō huà
练下，它可以学会说话。

聪明好学

聪明的鹦鹉能模仿人类说话时所发出的声音，但这需要训练者的耐心指导。因为鹦鹉并不能很快学会人类说话的声音，一句话必须一遍一遍地学。可它一旦学会了，就永远都忘不掉。

各种鹦鹉

亲密交谈

鹦鹉用有力的脚趾牢牢地抓住树干。

锋利的爪牙

鹦鹉喜欢吃植物的种子和各种果实，尤其爱吃硬果。它那短小而坚硬的嘴就像钳子一样，能轻易咬碎坚硬的果壳。而鹦鹉的爪子也是一件灵活的武器。鹦鹉能用爪子刨抓果实，并像人手一样往嘴里送东西吃。

金刚鹦鹉是世界上最大的鹦鹉之一，身长可达1米。

凤头鹦鹉会用羽冠的竖立或下垂发出警戒或进攻的信号。

恩爱夫妻

鹦鹉中的模范夫妻要数金刚鹦鹉了。它们一旦结为夫妻，到死都不会分开。它们总是一起飞翔、觅食、歇息，还经常互相梳理对方的羽毛，一副很亲昵的样子。金刚鹦鹉的寿命很长，有些甚至可以活到65岁。

·奇妙大看台·

为什么鹦鹉喜欢歪着头

鹦鹉的眼睛长在脑袋的两侧，所以视野很开阔。不过，它们却看不清近处的东西，只有把脑袋歪过来，用一只眼睛正对着看，才能看清楚。这很像我们照相时用一只眼睛对焦的情形。

正在歪头看的鹦鹉

金刚鹦鹉常成对生活在一起，十分亲昵。

五彩华衣

鹦鹉的毛色多样，很招人喜欢。比如，凤头鹦鹉的头上有一个独特的羽冠，就像凤凰头上的一簇翎毛；澳大利亚的桃红鹦鹉的胸部和腹部是桃红色的；虎皮鹦鹉的全身布满黑色条纹，好像老虎皮一样。

·奥秘大公开·

为什么鹦鹉能学人说话

因为鹦鹉的舌根和鸣肌很发达，舌尖细长、柔软、灵活，再加上它的模仿能力和记忆力较强，所以在人类的驯养下就学会说话了。不过，鹦鹉即使说再多的话，也只是一种简单的模仿行为。

qǐ é
企鹅

qǐ é shì yī zhǒng niǎo dàn bù huì
企鹅是一种鸟，但不会
fēi tā de shēn tǐ shì liú xiàn xíng de hěn
飞。它的身体是流线型的，很
shì hé yóu yǒng chuán jiǎng yī yàng de chì bǎng gèng
适合游泳，船桨一样的翅膀更
shì chéng le tā huá shuǐ de yǒu lì gōng jù qǐ é zhǔ yào shēng huó
是成了它划水的有力工具。企鹅主要生活
zài hán lěng de nán jí bǔ shí yú lèi wéi shēng
在寒冷的南极，捕食鱼类为生。

企鹅生活在寒冷的南极。

绅士风度

企鹅头部和背部的羽毛是黑的，而脖子和腹部却是白色的，乍一看，就像穿了件燕尾服。再加上它走路摇摆、很有派头的样子，分明就是个很有风度的绅士。有了这身燕尾服，企鹅在冰天雪地中也不怕冷了。

企鹅妈妈把胃里的东西喂给小企鹅。

活泼好动的小企鹅

· 奇妙大看台 ·

企鹅的饮水问题

企鹅可以喝海水，它们的身体里面有一种特殊腺体可以排除盐分。排除的盐分会以液体的形式先由企鹅嘴中的凹槽汇集，再从嘴尖滴出来。它们也会喝淡水或直接吃雪。

企鹅

企鹅在水下抓小鱼。

企鹅爸爸为了筑巢，还“偷”人家的小石头。

慈爱的父亲

在企鹅家族中，妈妈负责产卵，爸爸负责孵化。企鹅爸爸会把蛋放在自己厚厚的肚支下面，因为那里既温暖又安全。在以后的60多天里，它只能弯着脖子，低着头，不吃不喝，趴在蛋上，直到宝宝出世。

·奥秘大公开·

为什么企鹅不会飞

企鹅的祖先是会飞的，但自从迁移到南极以后，因为几乎没有天敌，就慢慢变得不会飞了。最后，翅膀也退化成小小的一对，根本不能把它们笨重的身体托起来。

企鹅爸爸保护着小企鹅。

辛苦的母亲

企鹅爸爸在家里负责照顾小宝宝，企鹅妈妈也没闲着，它们也很辛苦。企鹅妈妈会跑到温暖的海水中，吞下好多鱼，在体内形成流体食物，然后赶回来，再把肚子里的食物吐给自己刚出生的孩子吃。

碰上“熟人”，打声招呼。

企鹅为了产卵来到陆地上。

游泳专家

企鹅是鸟类中的游泳专家。别看它们在岸上走路一副笨拙的样子，一钻进水中就变得非常灵活。虽然海水冰冷刺骨，但企鹅可一点都不怕，因为它皮下的厚脂肪和防水的羽毛就是它的保暖衣。

企鹅的游泳方法

tuó niǎo
鸵鸟

jī hū suǒ yǒu de niǎo dōu huì fēi dàn shì jiè
几乎所有的鸟都会飞，但世界
shang zuì dà de niǎo tuó niǎo suī rán yě zhǎng le
上最大的鸟——鸵鸟虽然也长了
yī duì chì bǎng què bù huì fēi xiáng qiáng jiàn de
一对翅膀，却不会飞翔。强健的
shuāng tuǐ chéng le tā men de táo shēng fǎ bǎo
双腿成了它们的逃生法宝。

鸵鸟是世界上最大的鸟。

腿强健有力。

脚趾短粗。

雄鸟会张开两个大翅膀，在雌鸟面前扇来扇去，表示求婚。

刚出生的鸵鸟双腿就比别的幼鸟粗壮。

飞毛腿

虽然不会飞，但鸵鸟的腿很强壮，奔跑时一步可跨出 8 米远！但鸵鸟只是个短跑的好手，却不善于长跑。它的快速奔跑只能坚持 5 分钟左右。一旦被敌人追上，鸵鸟就会用自己的“飞毛腿”使劲踢开敌人。

不会飞的鸟

鸵鸟的祖先本来是会飞的，但经过长时间的地面生活，鸵鸟的翅膀变得越来越小，逐渐失去了飞翔的能力，两条腿却变得强壮起来。现在的鸵鸟身高可达 2 米多，体重比两个成人还重，飞翔更不可能了。

6

第六章

哺乳动物

哺乳动物就是会用乳汁来喂养自己后代的动物。它们是动物世界中最高等的脊椎动物，绝大多数是胎生的。翻开本章，你会在地球的每个角落找到它们：大象在热带草原漫步，老虎在森林里来回巡视，鲸在海洋里游来游去……

鸭嘴兽和袋鼠

鸭嘴兽和袋鼠只生活在澳大利亚，以长相奇特而闻名世界。鸭嘴兽长着鸭子似的嘴巴，是会产蛋的哺乳动物，而袋鼠有一个养育宝宝的育儿袋。

正在产卵的鸭嘴兽

古怪的外貌

鸭嘴兽可能是世界上长相最奇特的一种动物。它长着鸭子一样的嘴巴，全身披着细密的毛，尾巴又扁又宽，脚趾间有宽大的蹼相连。它们生活在河边，善于游泳，喜欢吃昆虫、蚯蚓和贝类。

小鸭嘴兽爬到妈妈的肚子上吮吸乳汁。

奇特的生育

鸭嘴兽的生育方式也很不一般。我们知道，爬行动物和鸟类是卵生的，而哺乳动物绝大多数是胎生的，可鸭嘴兽竟然是一种会产蛋的哺乳动物。鸭嘴兽会爬在蛋上孵化出小宝宝，再给它喂奶吃。

小袋鼠与妈妈

独特的育儿袋

袋鼠妈妈的肚子前面有一个育儿袋，这里是小袋鼠童年的摇篮和睡床。刚出生的小袋鼠浑身光溜溜的，它会努力爬到妈妈的口袋里吮吸乳汁。5 个月后，才从口袋里探出头来。1 岁后，才学会独立生活。

袋鼠一家在草地上休息。

在打斗中，袋鼠会用尾巴支撑身体。

跳远健将

袋鼠是动物王国里出名的跳远健将。它的两条前腿比较短，而两条后腿则粗壮有力，一跳就是好几米。在蹦跳的时候，它那条比腿还粗的大尾巴就派上了用场，能起到保持身体平衡的作用。

袋鼠不仅跳得远，而且跳得高。

· 奥秘大公开 ·

珍贵的鸭嘴兽

鸭嘴兽只分布在澳大利亚南部和塔斯马尼亚岛，是世界上最原始的哺乳动物，它的某些身体特征和生活习性有力地证明了哺乳动物是从爬行动物进化而来的，因此科研价值很高。

xī niú
犀牛

犀牛发脾气时，就会低头猛跑，用尖角冲向对方。

xī niú shì lù dì shang tǐ xíng jǐn cì yú dà xiàng de dì
犀牛是陆地上体形仅次于大象的第
èr dà bǔ rǔ dòng wù tā men de mú yàng hěn qí tè quán
二大哺乳动物。它们的模样很奇特：全
shēn pī zhe hòu shi ér zhé dié de pí bí zi shang hái zhǎng le yī
身披着厚实而折叠的皮，鼻子上还长了一
zhī huò liǎng zhī fēng lì de jiǎo
只或两只锋利的角。

犀牛是大型食草动物。

·奥秘大公开·

莽撞的犀牛

在非洲的肯尼亚刚通火车的时候，连续发生了几次犀牛撞火车的事情。原来，犀牛的视力很差，无法分辨远方来的东西是不是敌人，所以才和奔驰的火车撞到了一起。

近视眼

犀牛的视觉非常不好，是个近视眼。对近处的东西，它主要靠灵敏的听觉和嗅觉做出判断。当犀牛发现远处有模模糊糊的动物或人，甚至是树木挡住去路时，为了判断对方是否对自己有危险，便会急躁地冲过去，吓跑对方。

犀牛的视力很差，所以听到异样的声音就会上前用鼻子闻一闻。

犀牛的武器

犀牛随身带着的防身武器就是它的角。犀牛的角长在鼻子上，有的种类长着一只角，有的种类长着两只角。如果犀牛受到威胁，它就会抬起长角，向敌人发起猛烈的冲击。即使是草原上的霸主狮子，见到犀牛也得退让三分。

犀牛的尖角就是它进攻的利器。

爪哇犀牛

最爱泥巴浴

犀牛喜欢在泥塘里滚来滚去，直到浑身糊上一层厚厚的泥巴才肯罢休。这倒不是因为犀牛贪玩，而是因为犀牛的皮肤没有毛，经常裂口子，洗了泥巴浴，就好像涂上了防护膏，还可以起到防止蚊虫叮咬的作用。

犀牛身上长有厚厚的皮，也被称为厚皮动物。

犀牛的“卫生员”

犀牛的背上常会落上一些小鸟，它们是犀牛最要好的伙伴。它们会啄食犀牛身上的寄生虫，是犀牛尽职尽责的“卫生员”。而且，这些小鸟还是犀牛的哨兵，一旦有危险，小鸟们就会鸣叫示警。

犀牛喜欢泡在泥塘里。

bān mǎ
斑马

zài fēi zhōu dà cǎo yuán shang shēng huó zhe yī zhǒng hěn tè
在非洲大草原上，生活着一种很特
shū de mǎ yī shēn piào liang de hēi bái tiáo wén yī fu
殊的“马”：一身漂亮的黑白条纹衣服，
wěi ba gēn lǘ de wěi ba lèi sì tā men jiù shì bān mǎ
尾巴跟驴的尾巴类似。它们就是斑马。
tā men bēn pǎo rú fēi bǐ mǎ dōu yào kuài
它们奔跑如飞，比马都要快。

每只斑马的条纹都不一样，就像人的指纹。

漂亮的迷彩服

斑马身上的黑白条纹的皮毛就像士兵穿的迷彩服一样，能起到掩护自己和迷惑敌人的作用。因为它的条纹在白天和晚上会反射阳光和月光，使它和周围的草丛、树木混为一体，令敌人眼晕。

斑马生活在非洲大草原上。

呼朋引伴

斑马是群居动物，它们也喜欢和其他动物待在一起，鸵鸟和羚羊都是斑马的好朋友。这是因为鸵鸟的视力非常好，而羚羊是很机敏的动物，一旦出现危险，它们会发出警报，斑马群就会和朋友们一起逃命了。

斑马会用嘴假咬同伴，表达一种友好。

在干旱的地方，斑马也能嗅出哪里有水。

会找水源的斑马

水对生活在非洲的斑马十分重要。在所有的动物中，斑马找水的本领最高明。它们凭着天生的本能，会找到干涸的河床或可能有水的地方，然后用蹄子刨土，不久，水就会从地下冒出来了。

· 奥秘大公开 ·

斑马能跑多快

斑马的奔跑速度非常快，每小时能跑 80 千米。而马的奔跑时速仅为 20 千米，最快时速不过 60 千米。比较一下，斑马的“马力”确实比马要强劲哟！

斑马牺牲了自己，保全了集体。

舍己救人的英雄

斑马还有一种可贵的牺牲精神。当狮子快要追上斑马群时，斑马群中会有一匹突然主动放慢脚步，向同伴悲鸣一声，然后倒地，让狮子吃掉自己，保护集体逃生。这真像人类中舍己救人的英雄！

斑马喜欢在有水的地方活动。

lù hé cháng jǐng lù

鹿和长颈鹿

lù kē dòng wù de tǐ tài yōu yǎ xǔ duō zhǒng lèi tóu shang dōu yǒu shù chàzhuàng de jiǎo lù kē dòng wù yǒu mí lù méi huā lù děng ér cháng jǐng lù bù shì lù tā dān shǔ yú cháng jǐng lù kē

鹿科动物的体态优雅，许多种类头上都有树杈状的角。鹿科动物有麋鹿、梅花鹿等。而长颈鹿不是鹿，它单属于长颈鹿科。

头上树杈似的角是鹿的显著特征。

麋鹿

麋鹿

麋鹿的长相在鹿的种类中是最奇特的了。它们的角像鹿，头像马，身体像驴，蹄子像牛，所以又被人们称为“四不像”。还有，麋鹿的尾巴在鹿科动物中是最长的，可达 60 多厘米。麋鹿已极为稀少，是我国国家一级保护动物。

·奥秘大公开·

长颈鹿的脖子为什么那么长

远古时，长颈鹿只有小鹿那样大，世代以地面的青草为食物。后来草原荒芜，长颈鹿只好伸长脖子去够树上的嫩叶。许多年过去了，长颈鹿的脖子越来越长，成了今天的样子。

长颈鹿叉开前腿，低头喝水。

梅花鹿在饮水时，也很警惕。

梅花鹿

梅花鹿的身上有梅花状的白色斑点，这就是它的名字的由来。它们主要生活在中国、日本、朝鲜和俄罗斯，在山地、草原和森林的边缘地带生活。梅花鹿主要以青草和树叶为食，喜欢舔吃食盐。

北欧驯鹿

驯鹿

驯鹿生活在欧亚和北美大陆北部的寒冷地区。它们的最大特征是头上有巨大的角。角上长着许多枝杈，有的竟然多达 30 个。驯鹿还有用形似铲子的前蹄挖掘取食的习惯。

正在旅行的驯鹿群

优美的长脖子

长颈鹿

长颈鹿主要分布在非洲撒哈拉沙漠以南。它是陆地上最高的动物，也是全世界脖子最长的动物。成年的长颈鹿可高达六七米，有两三层楼那么高。它性情温顺，常和斑马、羚羊等在一起生活。

比一比，看谁高。

"马肿背"骆驼

luò tuo
骆驼

luò tuo shì shēng huó zài shā mò zhōng
骆驼是生活在沙漠中
de dòng wù tā de wài xíng kě zhēn gǔ
的动物。它的外形可真古
guài bèi shang jìng rán shēng zhe yī ge huò
怪，背上竟然生着一个或
liǎng ge tuó fēng yīn wèi tā néng bāng zhù
两个驼峰。因为它能帮助
rén men shùn lì tōng guò shā mò suǒ
人们顺利通过沙漠，所
yǐ bèi chēng wéi shā mò zhī zhōu
以被称为"沙漠之舟"。

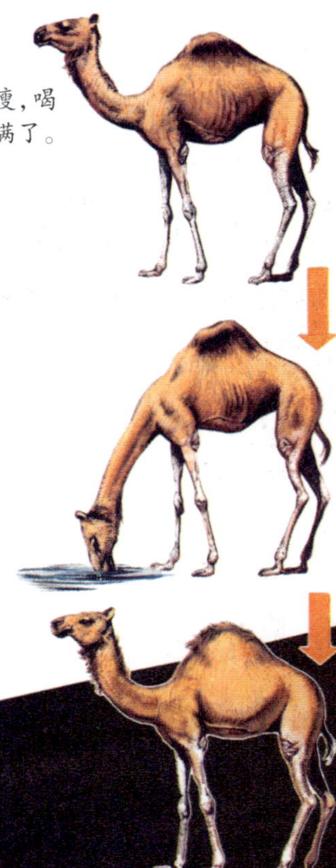

喝水前驼峰很瘦，喝水以后变得丰满了。

怪模怪样

第一眼见到骆驼的人，肯定会对它的相貌产生浓厚的兴趣。它长着羊一样的头、兔子一样的嘴、牛一样的蹄子、马一样的鬃毛。不过，最奇特的要数它背上的驼峰了。有人因此开玩笑说，骆驼是"马肿背"。

骆驼的驼峰就像装满食品的旅行袋，使骆驼能够在沙漠中自由行走。

驼峰的奥秘

骆驼最显眼的地方就是背上的驼峰。驼峰是干什么用的呢？原来，驼峰就像仓库，里面储存了大量脂肪。当骆驼在沙漠中做长途旅行的时候，驼峰里的脂肪就会发生分解，变成有用的营养和水分。

骆驼是沙漠里重要的交通工具。

骆驼是阿拉伯人的坐骑。

防暑窍门

沙漠里那么炎热，骆驼为什么不会中暑呢？原来它自有防暑窍门：第一，骆驼一般不出汗；第二，骆驼身上有一层厚毛皮，能抵抗太阳的暴晒；第三，骆驼一分钟才呼吸16次，这样就不会消耗太多水分。

长睫毛和鼻孔的特殊构造可防风沙。

·奥秘大公开·

骆驼会哭的原因

有时候，人们会看到骆驼的泪水从它的长睫毛下顺着脸颊流下来。这倒不是因为它心里难过而哭泣，而是它在用这一绝妙本领来冲洗出眼中的沙子。

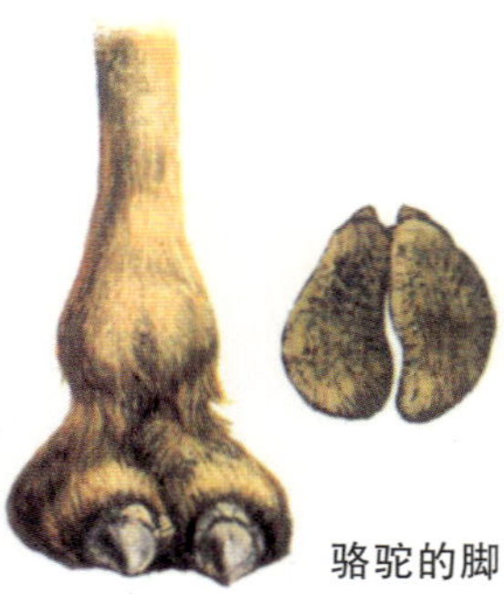

骆驼的脚

不怕风沙

骆驼不怕风沙，这跟它的身体构造有很大关系：骆驼的鼻孔里长着瓣膜，能随意开闭；双重的眼睫毛能把沙子挡在外面；小圆耳朵里生有浓密的细毛，也能阻挡风沙；脚上的厚厚肉垫还能起到隔热作用。

河马

hé mǎ
河马

hé mǎ zhǎng zhe yī ge shuò dà de nǎo dai yòu duǎn yòu
河马长着一个硕大的脑袋，又短又
cū de sì tiáo tuǐ zhī chēng zhe páng dà de shēn qū yī fù hěn
粗的四条腿支撑着庞大的身躯，一副很
huá ji de yàng zi zhè zhǒng shēn
滑稽的样子。这种身
cái zài lù dì shang bù biàn xíng dòng
材在陆地上不便行动，
suǒ yǐ tā zǒng xǐ huan pào zài shuǐ li
所以它总喜欢泡在水里。

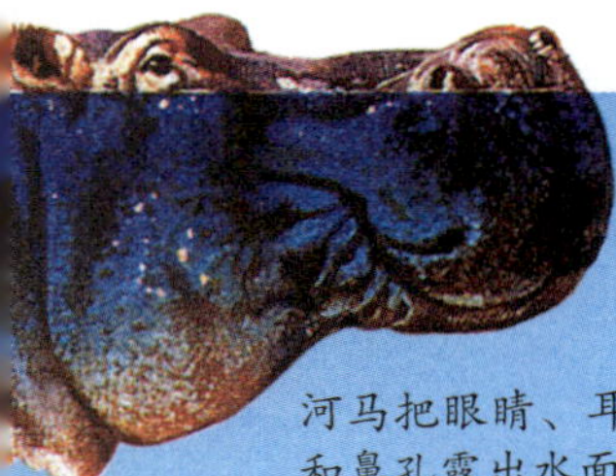

河马把眼睛、耳朵和鼻孔露出水面。

矮河马生活在非洲热带森林里，遇到危险才逃下水。

河马既能生活在水中，也能上岸活动。

最爱是泡澡

河马几乎一整天都待在水里，就连生宝宝、喂奶也在水中进行。由于河马的鼻孔、眼睛和耳朵都长在头的上部，所以它们在水中不用抬头，眼睛和耳朵就能露出水面。这样，河马就能知道水面上的情况了。

河马的“家规”

河马喜欢成群生活在一起。它们在河湖沼泽中过着很有秩序的生活，而且遵循着一条严格的“家规”：雌河马和年幼的河马多占据在河湖沼泽的中心位置，而雄性河马则位于外边，这也是出于安全的需要。

河马在水下行走。

· 奇妙大看台 ·

河马的嘴有多大

河马的嘴最大能张到 1.2 米的高度，一般成年的河马的嘴可张大到 0.7~0.9 米。河马的牙齿最长能长到 71 厘米，而一般情况下是 40~60 厘米。

河马的大嘴

河马妈妈小心照顾小河马。

负责任的母亲

母河马怀孕后，就不允许公河马靠近它了，因为它要一心负起母亲的责任。在生出小河马之后，母河马对靠近小河马的公河马就更不客气了。它会大声怒吼，吓跑公河马。即使面对来犯的鳄鱼，母河马也会毫不嘴软地攻击它。

河马在水下给小河马喂奶。

严惩入侵者

河马表面上看很温顺，可实际上对于胆敢入侵领地的敌人是毫不留情的。河马既能把陆地上的敌人拖入水中淹死，也能把水中的敌人拖到岸上，然后用粗重的脚把敌人狠狠踩死。

· 奥秘大公开 ·

出“血汗”的河马

在干燥的情况下，河马身上会分泌出一种红色的“血汗”。这种血汗中有一种特殊物质，可以使河马的皮肤保持凉爽。另外，在战斗负伤后血汗还能帮河马抵抗细菌的侵扰，有消毒作用。

亚洲象

xiàng
象

xiàng shì lù dì shang tǐ xíng zuì
象是陆地上体形最
dà de bǔ rǔ dòng wù jiù lián gāng chū
大的哺乳动物，就连刚出
shēng de xiǎo xiàng yě yào bǐ liǎng ge chéng nián rén
生的小象也要比两个成年人
hái zhòng ne tā shǔ yú shí cǎo xìng dòng
还重呢。它属于食草性动
wù zhǔ yào fēn bù zài fēi zhōu hé yà zhōu
物，主要分布在非洲和亚洲
nán bù
南部。

大象的身体可重达7吨，是陆地上最大的动物。

非洲象

象的家族

象的种类主要有亚洲象和非洲象。亚洲象也叫印度象，分布在印度、斯里兰卡、印度尼西亚等地。雄亚洲象有一对长獠牙，雌亚洲象的牙则很短或根本没有。非洲象产于非洲的中部、东部和南部，雌雄都有长獠牙。

大象喜欢戏水。

高超的游泳技术

大象在水中可是个游泳健将。它能从容渡过又宽又深的河。如果一只象游累了，会将头和前腿搁在另一只象的身上，只用后腿划水，这样可连续进行 30 多个小时。

·奥秘大公开·

大象用鼻子喝水为什么不会呛着

因为大象鼻腔后面的食道上方有一块特殊的软骨，好像阀门一样：吸水时肌肉收缩，“阀门”关闭，让水顺利进入食道而不进入气管；喝完水，“阀门”自动打开，就又能呼吸了。

用长鼻子把草送入口中。

万能的长鼻子

象最明显的特征是它那条长鼻子。象用这条长鼻子来喝水和卷食食物，就像人的双手一样重要。象鼻子非常灵活，既能拔起 10 米高的大树，也能从地上捡起细小的绣花针，可以说是神通广大。另外，象鼻子还是象有力的攻击和自卫武器。

在一个象群中，走在前面的母象就是家长。

伟大的母爱

大象是群居动物。在一个家族中，年长的母象是首领。不管遇到多么强大的敌人，母象都不会丢弃小象而独自逃命。对生病的小象，母象会用长鼻子轻轻地抚慰。

当小象遇到危险，母象会及时赶到。

大熊猫

dà xióng māo
大熊猫

dà xióng māo shì wǒ men guó jiā de guó bǎo tā zhǎng de
大熊猫是我们国家的国宝。它长得
hěn kě ài yī fù hān tài kě jū de yàng zi pàng hū hū de
很可爱，一副憨态可掬的样子：胖乎乎的
shēn tǐ hěn xiàng xióng sì zhī ěr duo hé yǎn quān de máo sè shì
身体很像熊，四肢、耳朵和眼圈的毛色是
hēi de ér qí tā dì fang shì bái de
黑的，而其他地方是白的。

熊猫百态

独特的食性

大熊猫很“偏食”，因为它除了吃竹子以外很少再吃别的东西了，饿极了的时候，才会拿一些小动物、鸟蛋和野果来充饥。大熊猫在吃竹子的时候，一般会背靠树干坐下，用前掌把竹子送到嘴中。

大熊猫的爬树本领高强。

竹子是熊猫最爱吃的食物。

“活化石”

大熊猫的祖先叫始熊猫，最初生活在七八百万年前炎热而潮湿的森林里，和森林古猿是一个时代的动物，所以，被称为“活化石”。

不同年龄的熊猫宝宝

刚生下来时

三个月时

等情人

找朋友

谈婚论嫁

到了婚嫁年龄，大熊猫的大龄青年们就开始在竹林里“幽会”了。它们会在竹林深处深情地鸣叫，就像对暗号一样，同时，还会闻着彼此身上的气味，一路寻找过来。

·奥秘大公开·

小熊猫是幼年时的大熊猫吗

小熊猫和大熊猫虽然都带“熊猫”两个字，但它们却是两种不同的动物：大熊猫属于熊猫科，而小熊猫属于浣熊科。从外表上看，小熊猫的样子也不像大熊猫，而是很像猫，还拖着一条长尾巴。

宝宝的成长

刚出生的熊猫宝宝非常小，就像一只没毛的小老鼠。一个月后，熊猫宝宝才长出黑白相间的毛。直到三个月，熊猫宝宝才开始学走路，并逐渐和妈妈学各种本领。两岁后，大熊猫就可以独立生活了。

大熊猫在树洞里生宝宝。

熊猫妈妈

七个月时

shī zi

狮子

shī zi shǔ yú dà xíng bǔ rǔ dòng wù shēng
狮子属于大型哺乳动物，生
huó zài fēi zhōu dà cǎo yuán hé yìn dù de yī xiē dì
活在非洲大草原和印度的一些地
fang tā de tǐ xíng páng dà yī bān hé zuò bǔ
方。它的体形庞大，一般合作捕
liè shì māo kē dòng wù zhōng wéi yī qún jū de lèi
猎，是猫科动物中唯一群居的类
xíng shī zi de xìng qíng xiōng měng shì cǎo
型。狮子的性情凶猛，是草
yuán shang de bà zhǔ
原上的霸主。

雄狮长着长长的鬃毛，显得很威风。

凶猛的猎手

狮子常常躲在树丛后面伏击猎物，它的力气大极了，能一口咬断角马的咽喉，一巴掌拍断斑马的脖子。它有尖利的爪子和牙齿，它的舌头有角质的倒刺，能把猎物骨头上的肉全部刮光。所以，兽类都非常害怕狮子。

狮子向非洲牛羚发起围攻。

公狮看家，母狮捕猎

狮子是群居动物，它们分工明确：母狮的任务是繁殖后代和寻找食物，公狮则肩负着更大的责任——保护整个狮群的安全。

雄狮仔细照顾小狮子。

狮子在一起分享猎物。

狮子吃饱后爬到树上休息。

小狮子和妈妈在一起。

能吃又能睡

狮子的食量大得惊人，一顿饭可以吃 40 千克肉，相当于自己体重的五分之一。吃饱后，狮子就心满意足地休息去了。狮子很能睡，每天大约要睡 20 个小时。

母狮子伏击猎物。

狮子的天敌

狮子虽然很凶猛，但它也有天敌。当母狮去狩猎，公狮又疏于照顾幼狮的时候，成群出动的鬣(liè)狗就会对幼狮暗下黑手。另外，犀牛也是狮子的劲敌。据说，一只犀牛打得过三四头狮子。

在非洲草原上，犀牛成了狮子强有力的对手之一。

· 奥秘大公开 ·

狮子能活多久

狮子最多可以活 20 年，但一般只有雌狮才会活这么长，因为雄狮往往会被更年轻的雄狮杀死或被驱逐后饿死。

hǔ
虎

hǔ shǔ yú māo kē dòng wù tā shēng
虎属于猫科动物。它生
huó zài yà zhōu de sēn lín li xǐ huān dú
活在亚洲的森林里，喜欢独
lái dú wǎng shì gè shēn shǒu bù fán de liè
来独往，是个身手不凡的猎
shǒu yǒu sēn lín zhī wáng de měi míng
手，有“森林之王”的美名。

老虎是森林之王。

老虎的牙齿非常锋利。

我的地盘我为王

老虎有很强的地域观念。老虎在它出没的丛林里，会用爪子在树干上划下印痕，留下尿液和粪便，作为自己占领地盘的标记。越是强壮的老虎，所做的标记也就越多。

昼伏夜出

老虎是昼伏夜出的动物。白天时，老虎会在洞穴或密林深处打盹，到傍晚才出来巡视，寻找最合适的地点伏击猎物。因为老虎虽然力量强大，但不善于追赶，所以它要靠伏击来猎食。

通过摩擦，把气味留在树上，以占领地盘。

老虎咬住猎物到隐蔽的地方吃。

正在沐浴的老虎

爱清洁的老虎

老虎很爱清洁，尤其是在盛夏季节，老虎常会待在水里，以保持凉爽。在洗澡时，它们先蹲伏下来，把又长又硬的尾巴浸在水里，然后用尾巴把水洒在背上。

老虎身上的条纹在丛林中起保护色的作用。

· 奇妙大看台 ·

传达信息的耳朵

虎的耳朵除了听声音，还能传达信息呢。竖起耳朵，露出耳后的白毛，表示要攻击敌人；耳朵后贴，张口露齿，是在警告对手："离我远点，别拿我当病猫！"

竖耳　　贴耳

教子有方

老虎一胎产 3～4 仔，刚出生的幼虎跟猫差不多大，眼睛要在两周后才能睁开。老虎对儿女很疼爱，母虎喂奶要持续半年左右，待幼虎 8 个月后才带着它出去打猎。虎妈妈也常会带着活的猎物回来，训练幼虎的捕食能力。2～3 年后，幼虎才能独立生活。

幼虎跟小猫一样，喜欢嬉闹。

· 奥秘大公开 ·

老虎为什么只能吃肉

因为老虎的消化道中只有用来消化肉食性食物的脂肪酶和蛋白酶，而缺乏消化植物性食物的淀粉酶，在长期的进化过程中，老虎形成了只能食肉的习性。

jīng 鲸

鲸是世界上最大的动物。它有着流线型的身体，适合生活在海洋里。它虽然外形很像鱼，但其实是哺乳动物。

海中巨兽

鲸是名副其实的海中巨兽，它是现在世界上最大的动物。它的外形很像鱼，身体能长到30多米，有五六间房子那么大。就连陆地上最大的动物——大象，在它面前也成了“小老弟”。

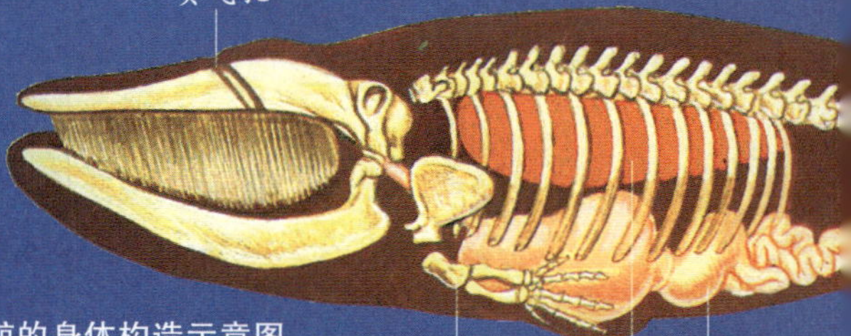

鲸的身体构造示意图

像鱼不是鱼

鲸俗称“鲸鱼”。它其实不是鱼，而是一种哺乳动物。在很久以前，鲸的祖先是生活在陆地上的，后来为了寻找食物，便来到水中。它用来走路的腿就慢慢退化，成为鳍状，最后变成了今天的模样。

小鲸刚出生不久，但身长已有8米，体重达3吨。

母鲸正在给它的幼仔喂奶。

有趣的喷潮

鲸的鼻孔直接长在头顶上。当它们把头部浮出水面呼吸时，呼出体外的水分突然遇冷而凝结成水蒸气，就像我们在冬天呼出的白气。强烈的水汽向上直升，把周围的海水卷出海面，形成壮观的喷潮。

虎鲸是鲸家族中的猛兽。

·奥秘大公开·

鲸为什么会“自杀”

每年都有许多鲸搁浅，死在沙滩上。其实，迫使鲸走向绝路的真正原因是次声波。一旦有一条鲸遇难，它就会发出次声波求救。其他鲸听到这个信号，就会纷纷赶来，结果造成悲剧。

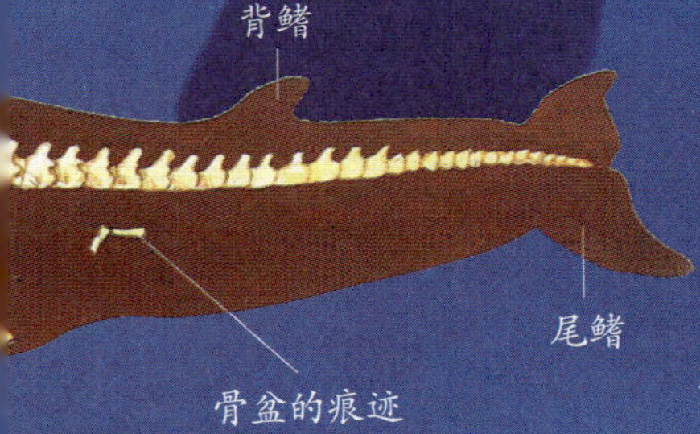

先进的定位

大多数的鲸能借助声音而“描绘”出周围环境的“图像”，这就是“回声定位”。在深海中，周围一团漆黑，而鲸发出声音碰到物体后就会自动弹回，从而确定方位。

鲸利用回声定位捕食，连小鱼也难以逃脱。

成群的海豚正在嬉戏。

海豚的身体构造

hǎi tún
海豚

hǎi tún shì yī zhǒng xiǎo xíng de
海豚是一种小型的
jīng lèi yě shǔ yú bǔ rǔ dòng wù
鲸类,也属于哺乳动物。
tā men de tǐ xíng shì fǎng chuí xíng de fēi cháng
它们的体形是纺锤形的,非常
shì yú yóu yǒng ér fā dá de dà nǎo yòu
适于游泳。而发达的大脑,又
shǐ tā men chéng wéi hǎi yáng zhōng zuì cōng ming de dòng wù
使它们成为海洋中最聪明的动物。

海豚常会跃出水面,做出一些特技动作。

海洋歌唱家

海豚能根据不同情况发出尖叫声、口哨声、打嗝声、叹息声等。这些声音非常动听,而且表达了彼此间的感情,海豚不愧为“海洋歌唱家”。

高歌一曲

海豚生性活泼。

海豚与轮船比赛。

海上救生员

海豚是人类的好朋友。如果有人不慎落水,它们就会把他推到岸边。在遇上鲨鱼吃人时,它们也会见义勇为,挺身相救。海豚也因此得到了一个“海上救生员”的美名。现在,许多国家都颁布了保护海豚的相应法规。

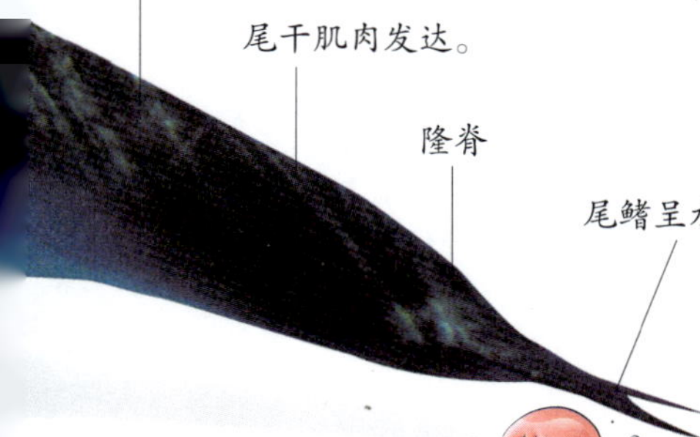

海豚的大脑很发达。

·奥秘大公开·

海豚为什么会救人

我们知道，海豚是用肺呼吸的动物。小海豚在水中出生后，母海豚就会把小海豚托出水面让它呼吸。这种天性逐渐成为一种习惯，凡在水中漂浮的物体都会引起海豚的注意，并主动前去救助。

发达的大脑

海豚天生聪明。这缘于它的大脑皮层非常发达，上面布满沟回，远远高于猿猴而仅次于人类。在海洋公园里，训练有素的海豚能够在训练员的指挥下，表演各种高难度动作，即使是人类的近亲大猩猩也做不出来。

小睡片刻

·奇妙大看台·

花样游泳

海豚的游泳技术很棒。它的身体呈流线型，是最适宜在水中游动的体形。它能够在水中做出各种复杂的动作，如倒立、旋转、站立游泳等。经过训练的海豚，还会在水面有节奏地跳动、钻圈等。

海豚的泳技

一条宽吻海豚正在救助受伤的同伴。

独特的睡眠

海豚的睡眠也是独一无二的。在睡眠中，海豚的两个大脑半球可以“换班”：当一个大脑半球休息时，另一个却在工作。每隔十几分钟，两种活动方式变换一次。难怪人们把海豚叫做“不眠的动物”。

hóu
猴

hóu lèi shì rén lèi de yuǎnfáng qīn
猴类是人类的远房亲
qi tā men tóu nǎo fā dá sì
戚。它们头脑发达，四
zhī líng huó tè bié shì jiǎo zhǐ
肢灵活，特别是脚趾
kě yǐ fēn kāi yǒu zhù yú
可以分开，有助于
pá shù hé ná dōng xi
爬树和拿东西。

善于爬树是猴类的看家本领。

川金丝猴

滇金丝猴

金丝猴

金丝猴的身体上长着柔软的金色长毛，最长的有30多厘米，披散下来就像一件金黄色的“披风”。金光耀眼的外衣使它赢得了“金丝猴”的美名。金丝猴十分稀有，和大熊猫一样珍贵。种类主要有川金丝猴、黔金丝猴和滇金丝猴。

家庭会议

·奥秘大公开·

为什么猴子爱给同伴捉“虱子”

我们常会在动物园看到猴子在彼此身上拾取东西吃，好像在捉虱子一样。其实，这是猴子在吃盐粒呢。原来，猴子排泄的汗液里有盐分，汗水蒸发后就会凝结成盐了。

猕猴

猕猴是世界上分布最广泛的一种猴类，从草原到红树林沼泽地，从落叶树林到常绿树林，都有它们的身影。它们的身高一般在45～55厘米，前腿和后腿的长度差不多。猕猴的智商很高，经过训练可以成为“杂技演员”。

成年公狒狒肩膀上的毛很长，像披风一样。

狒狒

狒狒是广泛生活在中非地区的一种猴类。它们的额头突出，牙齿尖利，身上长满橄榄褐色的长毛。狒狒有群居生活的习性。一个群体大概由40～80只组成，内部等级森严。在群体中，母狒狒居于领导地位。

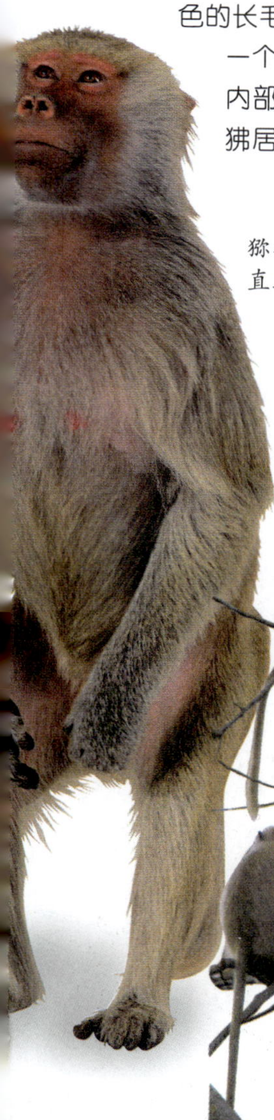

猕猴能学人直立行走。

日本猕猴是生活在地球最北端的猴类。

长尾叶猴

长尾叶猴以尾巴超长而出名，它们的尾巴可长达七八十厘米，超过了它们的身高。它们喜欢居住在3000米高的山地丛林中。目前，这种猴子非常稀少，在我国仅分布在西藏南部，已经被列入国家一级保护动物。

长尾叶猴喜欢群居，一般由15～30只聚成一群。

lèi rén yuán
类人猿

lèi rén yuán shǔ yú líng zhǎng mù bāo kuò
类人猿属于灵长目，包括
dà xīng xing hēi xīng xing xīng xing cháng bì yuán
大猩猩、黑猩猩、猩猩、长臂猿
děng tā men de xíng tài jié gòu hé shēng lǐ gōng
等。它们的形态结构和生理功
néng gēn rén hěn xiāng sì qīn yuán guān xì gēn rén yě
能跟人很相似，亲缘关系跟人也
zuì jìn
最近。

黑猩猩是最聪明的类人猿。

长臂猿

·奥秘大公开·

黑猩猩怎样表达感情

黑猩猩虽然不会说话，但它很聪明，会通过各种肢体动作来表达感情。它们会用拥抱、亲吻或握手来表示关系亲近，有时还会轻拍对方的肩膀，表示友好。

长臂猿

长臂猿是体形最小的类人猿，身高还不足 1 米。虽然个子小，可它却长着两条奇长的胳膊，站立时能下垂到地面上。它们是技艺高超的爬树高手，两只手臂会在树枝上交错前进。

猩猩

猩猩长得又矮又胖，身上披着红棕色的长毛。它们能直立行走，但通常会像树根一样坐着不动，远远看上去好像一个正在考虑问题的智者。

猩猩

7

第七章

认识植物

在我们生活的地球上，除了动物外，还有一类生物在自然界中起着关键作用，那就是植物。植物不仅将地球装扮得美丽神奇，还为人和动物提供了氧气和食物。那么，到底什么是植物？它们起源于何时？怎么分类？由哪些部分构成？这些部分又有什么样的功能呢？本章将一一为你找到答案。

zǒu jìn zhí wù
走近植物

zhí wù biàn bù dì qiú de gè gè jiǎo luò tā
植物遍布地球的各个角落，它
men hé dòng wù yī qǐ wèi wǒ men chéng
们和动物一起，为我们呈
xiàn chū le xuàn lì duō cǎi de shì jiè
现出了绚丽多彩的世界。
zhí wù néng zì jǐ zhì zào yíng yǎng shì
植物能自己制造营养，是
zì rán jiè zhōng de chū jí shēng chǎn zhě
自然界中的初级生产者。

森林里的植物

植物经历了很多阶段的进化，才发展成今天的样子。

植物的起源

地球上最早出现的植物是蓝藻，它生活在30多亿年前。此后，植物经历了藻类植物时代、裸蕨植物时代、蕨类植物时代、裸子植物时代、被子植物时代五个阶段，才发展成今天的样子。

植物不仅能够美化环境，而且是制造氧气的功臣。

植物家族

自然界里的植物种类繁多，它们共同组成了一个庞大的家族。为了便于认识和利用它们，科学家们将植物分为低等植物和高等植物。低等植物没有根、茎、叶的分化，一般生长在水里；高等植物大多有根、茎、叶，主要生长在陆地上。

植物的光合作用

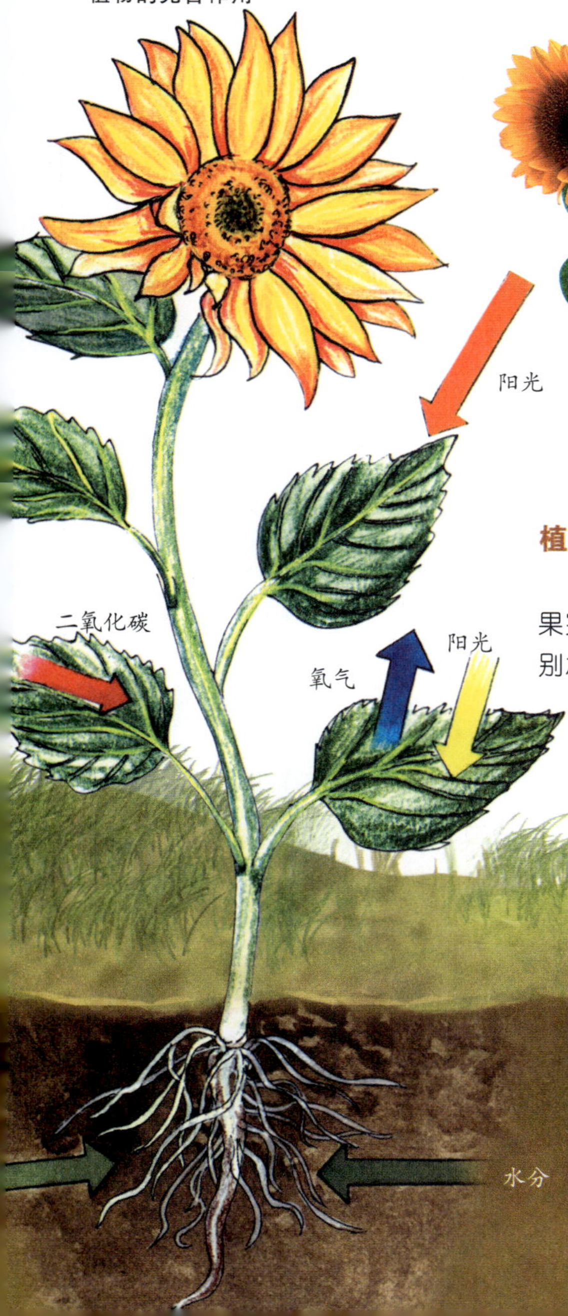

向日葵是一种高等植物，具有根、茎、叶、花等。

·奥秘大公开·

最长寿的植物

世界上最长寿的植物是曾经生长在非洲的一棵龙血树。500 多年前，西班牙人测定它有 8000~10000 岁，可以说是世界树木中的老寿星。

可惜，后来它在一次风灾中被毁掉了。

植物和动物有什么不一样

多数植物能利用阳光，原地不动为自己制造食物，而动物则要到处活动去觅食。这是因为植物的叶子里含有叶绿素，它能利用阳光发生光合作用，把二氧化碳和水转化成养分，供自己生长。

植物的各个部分

绿色开花植物由根、茎、叶、花、果实、种子六部分构成，它们分别承担着不同的任务。这些部分相互协调，变化形态，植物才显得生机勃勃、绚丽多彩。

植物的各部分

gēn
根

gēn bù dàn néng qǐ dào zhī chēng zhí zhū de zuò yòng hái shì
根不但能起到支撑植株的作用，还是
zhí wù zhǔ yào de yíng yǎng qì guān tā cóng tǔ rǎng zhōng xī shōu shuǐ
植物主要的营养器官，它从土壤中吸收水
fèn wú jī yán hé kuàng wù zhì zài
分、无机盐和矿物质，再
bǎ tā men shū gěi huā jīng yè děng
把它们输给花、茎、叶等，
yǐ wéi chí zhí zhū de shēng zhǎng
以维持植株的生长。

根能长得很长很长。

·奥秘大公开·

长长的根

在非洲沙漠里，有一种叫有刺阿康梭锡可斯的植物，它和人差不多高，可是根却长达 15 米。南非还有一株无花果树，它的根深入地下约有 120 米，要是挂在空中，足有 40 层楼那么高呢。

根尖

植物的根从其尖端到生根毛的部位，称为根尖。根尖由根冠、分生区、伸长区、根毛区四部分组成，它是根生命活动最活跃的区域。如果把根尖放在显微镜下观察，就能看到它表面细细的根毛，根吸取水分的任务正是由它们完成的。

根尖的构成

植物的生存离不开根。

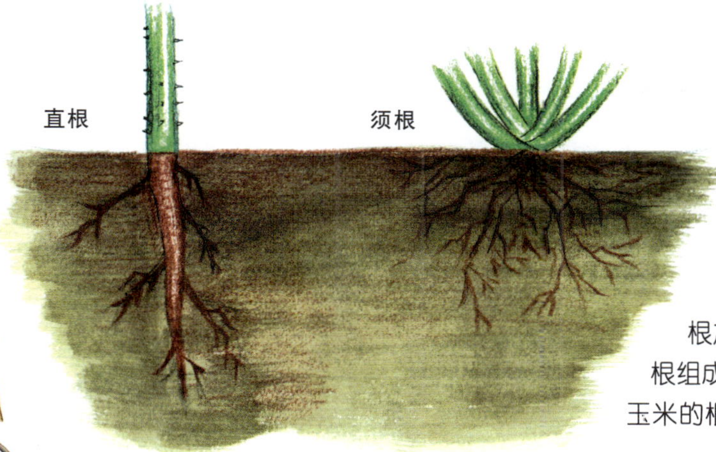

直根和须根

植物的根主要有两种类型：直根和须根。直根一般有粗壮的主根，主根周围还有比较细的侧根，如松树的根；须根没有主根、侧根之分，是由许多大小差不多的根组成的，它就像乱蓬蓬的胡须，如玉米的根等。

玉米的支持根

多样的根

植物的根多种多样。支持根长在地面上，支撑着植物的身体；呼吸根为呼吸更多的空气，会露出地面生长；气生根则能爬到墙壁上。

红树的呼吸根

爬山虎的气生根

花生的根为了吸取养分，不断向下生长。

根的生长

根在生长过程中，为了适应不同的环境，产生了不同的生长方向。为了更好地吸收土壤中的水分和矿物质，绝大多数的根都会努力向下生长；而有的根，如生长在沼泽和海边的植物的呼吸根，为了吸取更多的氧气，则会不断向上生长。

各种植物的根

jīng 茎

茎支撑着叶和花。

茎是植物的支柱，它上面支撑着植物的枝叶、花朵和果实，下面和根相连。茎是植物外观最显著的部分，不同的植物长有不同的茎。如大树的茎可高达几十米，而小草的茎只有几厘米高。

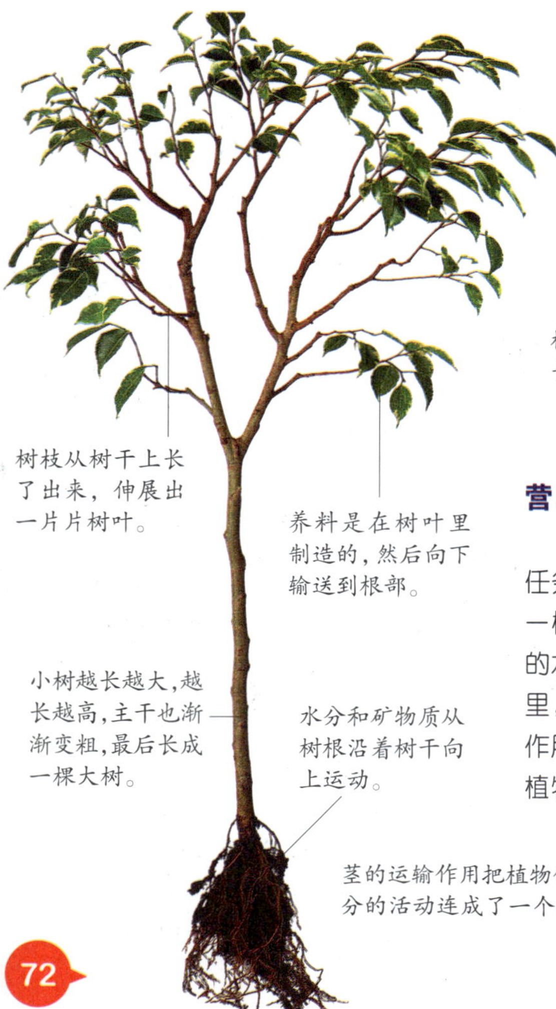

树枝从树干上长了出来，伸展出一片片树叶。

养料是在树叶里制造的，然后向下输送到根部。

小树越长越大，越长越高，主干也渐渐变粗，最后长成一棵大树。

水分和矿物质从树根沿着树干向上运动。

茎的运输作用把植物体各部分的活动连成了一个整体。

棕榈树有着长长的茎。

营养通道

茎担负着重要的运输任务，它就像营养大通道一样，既能把根部吸收来的水分和矿物质送到叶片里，也能把绿叶通过光合作用产生的营养物质送往植物身体的各部分。

·奇妙大看台·

奇形怪状的茎

茎一般呈圆柱形，但也有其他形状。如薄荷、紫苏的茎是方形的；荆三棱、香附的茎是三角形的；益母草、藿香的茎是四棱形的；仙人掌和蟹爪兰的茎是扁平的。

仙人掌

树木高大粗壮的躯干是直立茎，蒲公英和兰花矮小纤细的茎也是直立茎。

茎的形态

茎的形态多种多样，如树的茎直立挺拔，叫做直立茎；爬山虎的茎附着在墙壁上生长，叫做攀缘茎；牵牛花的茎打着转缠绕生长，叫做缠绕茎；草莓的茎匍匐在地面上，叫做匍匐茎。

红薯的匍匐茎

牵牛花的缠绕茎

草本和木本

植物的茎按质地分为草本和木本两大类。草本植物的茎非常柔软，木本植物的茎比较坚硬。

·奥秘大公开·

围着太阳打转儿

缠绕茎的缠绕方向有自左向右的，也有自右向左的。科学家们认为这和它们最初的生长地有关。南北半球的缠绕植物由于围着太阳打转儿，就形成了相反的缠绕方向。

木本植物的茎其实就是树干。

怎么区别茎和根

不管茎和根怎样千变万化，在茎上总能找到一个个节，可以看见芽，或能发现叶，而根上却没有，这就是茎和根的主要区别。

藏在泥土中的各种茎

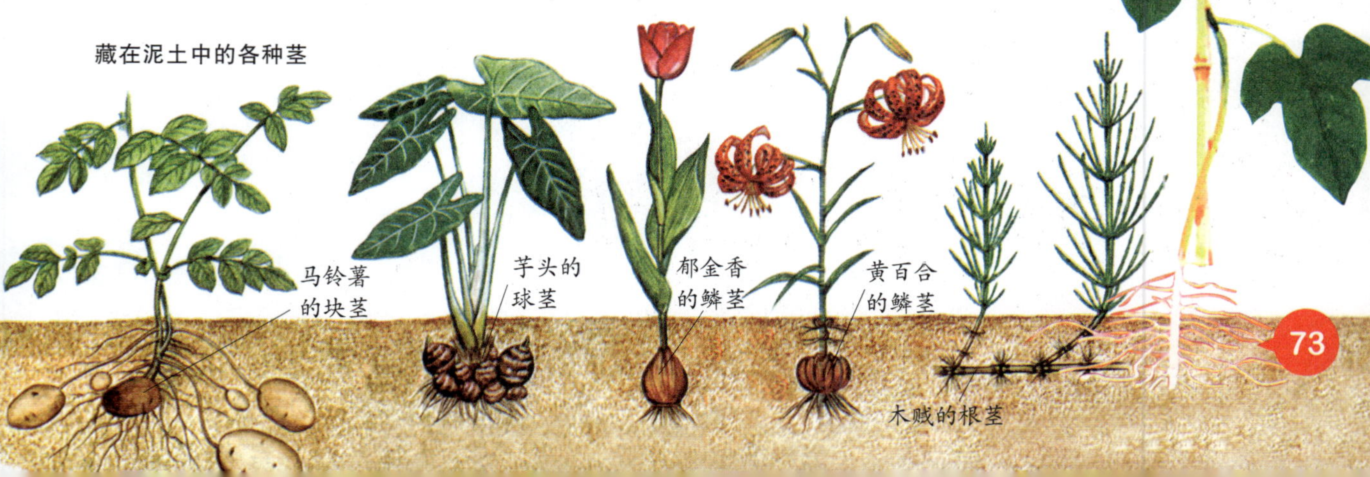

yè
叶

yè shì zhǎng zài zhí wù jīng huò zhī gàn shang de zhòng yào yíng yǎng qì
叶是长在植物茎或枝干上的重要营养器
guān tā néng lì yòng yè lǜ sù jìn xíng guāng hé zuò yòng yǐ gōng jǐ zhí
官，它能利用叶绿素进行光合作用，以供给植
zhū yǎng fèn hé néng liàng yè zi hái néng shì fàng chū yǎng qì hé shuǐ
株养分和能量。叶子还能释放出氧气和水
zhēng qì jù yǒu qì tǐ jiāo huàn hé zhēng téng shuǐ fèn de zuò yòng
蒸气，具有气体交换和蒸腾水分的作用。

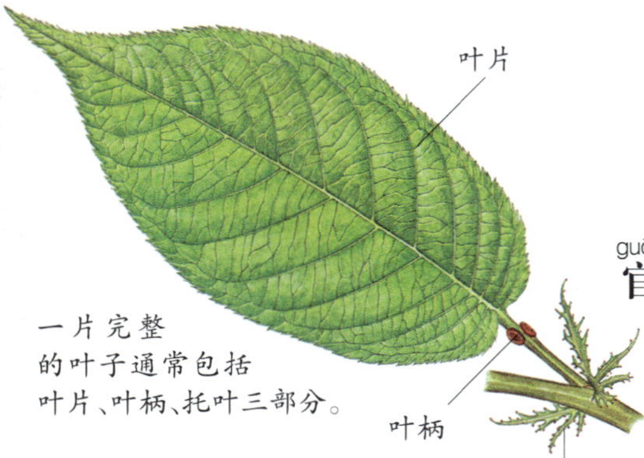

一片完整的叶子通常包括叶片、叶柄、托叶三部分。

由叶脉形成的网络使单叶更加强壮。

单叶和复叶

叶子的形状各不相同，为了区分它们，人们将一个叶柄上只生一枚叶片的叶子称做单叶，把叶柄上长有两个以上独立小叶片的叶子称做复叶。

各种各样的叶子

变态叶

有些叶子的形态和功能与一般的叶子不同，它们被称为变态叶。如仙人掌的叶刺、洋葱的鳞叶等。仙人掌的叶刺可减少水分散失，适应干旱环境；洋葱的鳞叶可以储存丰富的水分和有机物。

水仙、洋葱和百合等植物都具有鳞叶，这种叶长在鳞茎上，肉质肥厚，能贮存大量的养料。

一品红的叶子艳得像花。

叶子的颜色

多数植物的叶子是绿色的，因为它们的叶子中含有叶绿素。但有些植物像秋海棠等，它们的叶子是红色的。这是因为这些植物的叶子里含有很多红色的花青素，它们把叶绿素的绿色给盖住了。

·奥秘大公开·

能吐水的叶子

在印度的热带雨林中，生长着一种菩提树，它的树叶能分泌出大量的水分，水分汇集后，会从叶尖滴落，人们把这种叶子叫做“滴水叶尖”。

·奇妙大看台·

最大和最小的叶子

有一种叫王莲的水生植物，它的叶子又大又圆，8 岁左右的小孩都能够安安稳稳地坐在上面；而文竹的叶子最小，只有用放大镜才能看到它的真面目。

王莲的叶子

叶子的寿命

桃、李、杨、柳的树叶从春生到秋落，只有几个月的寿命；油茶的树叶寿命是 2 年、松柏的叶子能活 3~5 年；生长在非洲的百岁兰，一生只长两片叶子，但这两片叶子和整个植株都能活到 100 多岁。

落叶

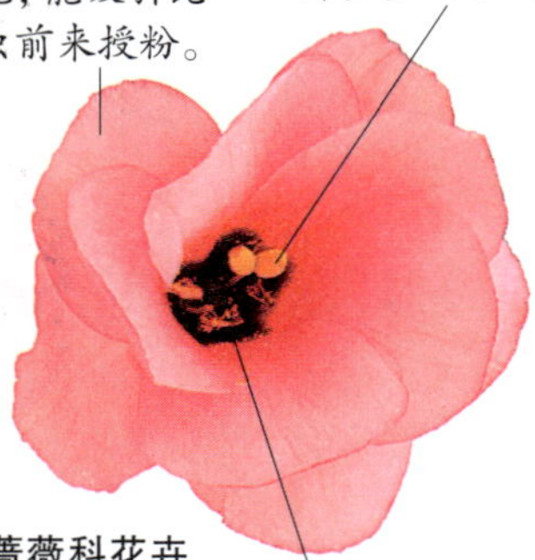

蔷薇科花卉

huā
花

huā shì zhí wù de shēng zhí qì guān
花是植物的生殖器官，
yě shì zhí wù zuì měi lì de bù fen zhí
也是植物最美丽的部分。植
wù kāi le huā cái néng tōng guò shòu fěn
物开了花，才能通过授粉、
shòu jīng jiē chū guǒ shí hé zhǒng zi fán yǎn
受精结出果实和种子，繁衍
hòu dài
后代。

鲜花盛开

花朵的构造

大多数植物的花都由花萼、花瓣、雄蕊、雌蕊四部分组成。雄蕊和雌蕊是繁殖器官；花萼和花瓣用来保护雄蕊和雌蕊，并协助完成传粉的使命。

·奥秘大公开·

花是由叶变来的

仔细观察，你就会发现，花萼同叶子很相像，花瓣的形状和叶子也很相似。这是为什么呢？科学家们给出的答案是：花是由叶进化演变而来的。

绚丽多彩的花

花色和花香

花朵能呈现出五彩缤纷的颜色，全是它体内花青素和类胡萝卜素的功劳。花青素能使花儿呈现红色、蓝色和紫色；类胡萝卜素使花儿呈现黄色、橙色或橘红色。另外，很多花都有香气，因为花能分泌具有香气的芳香油。一般来说，白花和淡黄花的香气最浓，其次是紫花、黄花，浅蓝色花的香气最淡。

花序

在欣赏五颜六色的花朵时，你是否留意过：有些植物茎上只开一朵花，像郁金香；而有些植物一株会开许多花，比如一丛盛开的蔷薇。其实，大多数植物的花都是按照一定顺序排列在花枝上的，人们称它为花序。花序按照形态可分为穗状花序、总状花序、伞形花序和头状花序等。

头状花序的花轴较短，上面密集地排列着许多无柄的小花。

穗状花序的花通常是由下往上渐次开放的，一串穗状花序完全开放需要几个星期。

总状花序有很长的主轴，花的大小大致相同。

花粉的传播

一朵花的花粉被昆虫、风或水带到另一朵花的柱头上，才能完成传粉受精的过程，结出种子。蜜蜂采蜜时，身上就会沾上花粉，当它飞到另一朵花上采蜜时，花粉就会落到这朵花的柱头上，完成传播过程。

有些植物是靠鸟来传播花粉的。

银杏的果实

guǒ shí
果实

huā jīng guò shòu fěn hòu huā duǒ de zǐ fáng fā yù chéng guǒ
花经过授粉后，花朵的子房发育成果
shí guǒ shí de wài biǎo tōng cháng yǒu guǒ pí bāo guǒ guǒ shí de
实。果实的外表通常有果皮包裹，果实的
lǐ mian zé shì zhí wù yòng lái fán yǎn hòu dài de zhǒng zi guǒ shí
里面则是植物用来繁衍后代的种子。果实
jiāng zhǒng zi bǎo hù qǐ lái yǐ miǎn tā shòu dào shāng hài
将种子保护起来，以免它受到伤害。

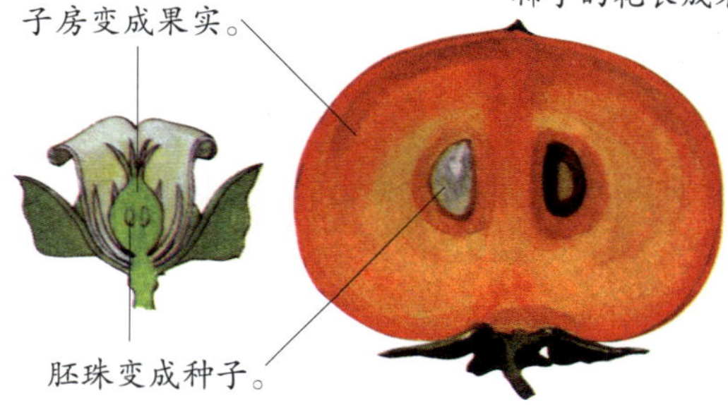

柿子的花长成果实。

开花结果

果实由花的不同部分发育而成。有些植物的果实是在花朵凋落后由子房发育而成；有些植物除子房发育外，花被、花柱及花序等也参与了果实的形成。

各种植物的果实

·奇妙大看台·

奇妙的果实

果实有各种奇怪的形状，像耳豆的果实像耳朵，凤凰木的果实像大刀，梧桐的果实像汤匙。还有，南瓜的果实大的重达200多千克；菠萝蜜的果实长得像葫芦，最大的重达40多千克。

果实长在树干上的现象比较少见。

切开的桃子

果实里面有什么

成熟果实的果皮分为外果皮、中果皮和内果皮。比如我们经常吃的桃子，它外表裹着白霜状绒毛的外层就是外果皮，中间多汁的果肉部分是中果皮，里面坚硬的核则是内果皮，核中还包含着种子。

豌豆属于干果里的裂果。

板栗属于干果。

形形色色的果实

植物的果实形形色色、多种多样。由于含水量的不同，果实有干果和肉果的分别。干果外面有干硬的壳，里面包着种子，如栗子、榛子和向日葵子等；肉果又叫多汁果，它们含水量较多，色泽鲜艳，果肉甜美，如桃、李、葡萄等。

·奥秘大公开·

不能摘的果实

非洲有种叫沙沙巴的水果，它的果实直接和树枝相连。如果你强行采摘，就会撕破连着果实的嫩枝，使树木不能再结果。因此，人们只能用小刀从果实上割取果汁。

果实的味道

不同的果实有不同的味道。含酸性物质，如苹果酸和柠檬酸的果实，吃起来是酸的；含糖类，如蔗糖和葡萄糖的果实，吃起来就是甜的；含生物碱的果实，吃起来就会有苦味。

不同的果实有不同的味道。

zhǒng zi
种子

zhǒng zi shì zhí wù de fán zhí qì guān yǒu fán zhí hòu dài de zuò yòng
种子是植物的繁殖器官，有繁殖后代的作用。
zhǒng zi de xíng zhuàng yán sè dà xiǎo gè bù xiāng tóng rú wān dòu de
种子的形状、颜色、大小各不相同。如豌豆的
zhǒng zi shì yuán de táo de zhǒng zi shì xīn xíng de dòu lèi de zhǒng zi yǒu
种子是圆的，桃的种子是心形的；豆类的种子有
gè zhǒng yán sè yē zi de zhǒng zi jiào dà ér zhī ma de zhǒng zi zé jiào xiǎo
各种颜色；椰子的种子较大，而芝麻的种子则较小。

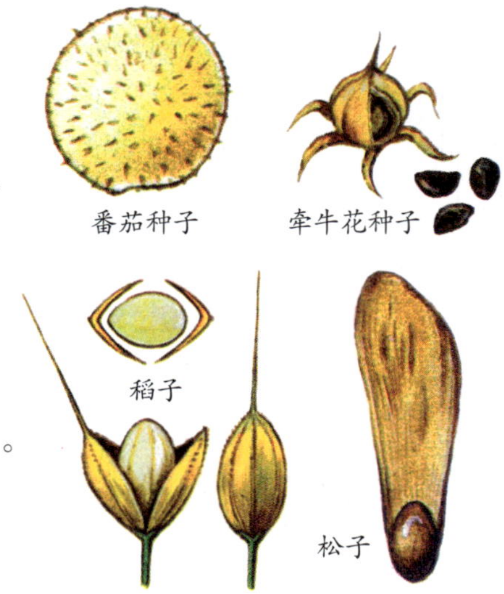

各种植物的种子

种子的结构

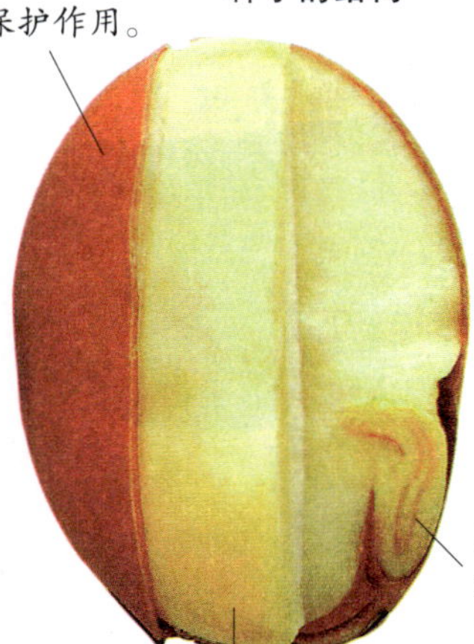

种子的构成

种子由种皮、胚和胚乳三部分组成。种皮是种子最外面的保护结构；胚是植物的“胎儿”，将来会发育成植株的各部分；胚乳负责为种子生长提供营养。

种子的传播

种子的传播方式主要有两种：一是靠外力，如风力、水力、动物和人来传播；二是靠自身力量，将种子弹射出去。

· 奥秘大公开 ·

喷瓜是如何传播种子的

地中海地区有一种植物，它传播种子的方式很特别。它的果实成熟到一定程度后就会爆裂，种子会在瞬间喷出去，人们把这种植物叫做“喷瓜”。

种子的生长

当环境适宜时，种子就会萌发。种子萌发时先是吸水膨胀，之后，胚的一部分在土壤中形成根系，另一部分破土而出，逐渐长成幼苗。

风吹起来时，蒲公英的种子就要开始四处游荡，直到最后安家落户。

种子发芽后，很快就能长成一株幼苗。

8

第八章

植物大家庭

地球上的植物形形色色、种类繁多。从平原到高山，从赤道到极地，从江河湖海到沙漠荒原，到处都有植物的踪迹。植物大家庭里，既有藻类、蕨类，也有参天大树；既有野生花草，也有人工栽培的植物。它们分属于不同等级，分布在不同地方，有着不同用途。本章将带你感受这个大家庭的美丽与神奇。

zǎo lèi hé jūn lèi
藻类和菌类

常见的菌类

zǎo lèi hé jūn lèi dōu méi yǒu gēn jīng yè de fēn
藻类和菌类都没有根、茎、叶的分
huà bù tóng de shì zǎo lèi yī bān jù yǒu yè lǜ sù néng
化。不同的是藻类一般具有叶绿素，能
jìn xíng guāng hé zuò yòng ér jūn lèi bù hán yè lǜ
进行光合作用。而菌类不含叶绿
sù bù néng jìn xíng guāng hé zuò yòng dàn tā men zài
素，不能进行光合作用，但它们在
zì rán jiè zhōng qǐ zhe zhòng yào de zuò yòng
自然界中起着重要的作用。

海岸边的藻类植物

海洋中的各种藻类

藻类的生活环境

藻类植物多数生活在水里，少数生活在陆地上。在水中生活的藻类有的浮游于水中，有的固着于水中岩石或其他植物体上；陆上的藻类一般在潮湿的地表、树皮、石头或墙壁上生存。

水绵属于绿藻。

龙须藻属于红藻。

藻类大家族

人们根据颜色差别，将藻类分为绿藻、红藻、褐藻等类别。绿藻所含色素与高等植物相似，被认为是陆地植物的祖先；红藻除含有叶绿素外，还有胡萝卜素和藻红素，因而藻体呈红色；褐藻含有褐色和黄色色素，巨型藻类大多是褐藻的成员。

海带属于褐藻。

黑暗中的菌类

菌类的生活环境比较广泛，在水、空气、土壤以至动植物的身体内，它们都可以生存。菌类生长不需要光照，在阴暗潮湿的地方，常有它们的身影。

·奥秘大公开·

会发光的蘑菇

有一种叫夜蕈的蘑菇，在没有光亮的夜晚，你也能看到它。因为它的身体中有发光源，可以发出彩色的亮光。

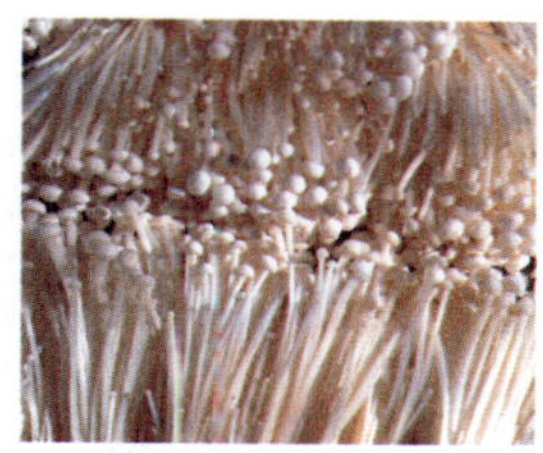

人们经常吃的金针菇就属于菌类。

菌类

大多数真菌是靠孢子来繁殖的，孢子没有种子复杂，可以直接发育成新的个体。

大自然的清洁工

真菌靠分解死亡动植物的遗体来获取身体所需的养料。它们将有机物分解为基本矿物质，从而供植物循环利用。如果没有它们的存在，自然界就会被死去的动植物的尸体挤满。因此，人们将其称为“大自然的清洁工”。

真菌能有效清理垃圾，提高土壤肥力。

地衣和苔藓

地衣和苔藓是自然界中两种奇特的植物。地衣生长在阴湿的墙角、井边和树皮上；苔藓生长在潮湿的地面、岩石和墙壁上。它们都呈现出花花绿绿的颜色。

地衣

苔藓

共生植物

地衣是很特殊的一类植物，它是藻类和菌类相依为命的共生体。藻类利用光合作用为整个地衣体制造养分；真菌则吸收外界的水分和无机盐，把它们提供给藻类。地衣就是在这种相互帮助的条件下，生长出来的。

·奥秘大公开·

生命力最顽强的植物

植物界中，数地衣的生命力最顽强。据试验，地衣在零下273℃的超低温环境下都能生存。即使在没有空气的条件下，地衣也能存活6年。

地衣是一种藻类和真菌共生的结合体。

地衣的形态

地衣主要有三种形态：一是壳状地衣，它们一般附着在岩石上，如茶渍衣；二是枝状地衣，它们的植物体呈树枝状，如直立的石蕊、悬垂在树枝上的松萝；三是叶状地衣，它们形状似叶片，平铺在枝干表面，如生在树皮上的梅衣等。

❶ 壳状地衣
❷ 挂在树枝上的松萝
❸ 石蕊地衣
❹ 梅衣

垦荒者

苔藓已经有了叶和茎的分化，只是没有真正的根，只有起附着和吸水作用的假根。许多苔藓植物都能分泌一种能够溶解岩石表面物质的液体，加速岩石风化，促进土壤的形成。因此，人们称苔藓是自然界的绿色垦荒者。

苔藓覆盖了岩石表面。

色彩斑斓的苔藓

树干上的地衣

水土保持者

苔藓植物还具有保持水土的作用。大部分苔藓植物植株之间的空隙很多，具有良好的保持土壤和贮存水分的作用。有的苔藓植物本身就能贮藏大量水分。

绿茸茸的苔藓植物

jué lèi zhí wù
蕨类植物

jué lèi zhí wù shì dì qiú shang zuì zǎo de lù shēng zhí
蕨类植物是地球上最早的陆生植
wù tā men shēng zhǎng zài sēn lín hé àn děng yīn àn
物。它们生长在森林、河岸等阴暗
cháo shī de dì fang jué lèi zhí wù de yè zi jiān ér xì
潮湿的地方。蕨类植物的叶子尖而细
cháng suí zhe tā men de shēng zhǎng ér màn màn shū zhǎn
长，随着它们的生长而慢慢舒展。

古老而美丽的蕨类植物

承前启后

蕨类植物虽然也像藻类、地衣、苔藓植物那样从不开花结果，但它却有根、茎、叶的分化，体内也出现了输送水分和有机物的维管组织，这对它形成高大的植物体有重要意义。所以说，蕨类植物在植物的发展、进化过程中具有承前启后的作用。

鹿角蕨

蕨的构造

蕨类植物的生活环境

蕨类植物大多生长在阴湿和温暖的环境里。它们有的长在地表，有的长在石头缝或石壁上，有的缠绕在树干上。热带雨林尤其盛产蕨类植物，在那里，蕨类能够生长得十分高大。

蕨类植物大多生长在阴暗潮湿的地方。

美丽的蕨类植物

蕨类植物枝叶青翠、姿态奇特，具有很高的观赏价值。著名的品种有铁线蕨、鸟巢蕨、鹿角蕨、卷柏、桫椤等。其中，桫椤享有“蕨类植物之王”的美誉。

贯众

蕨类植物的用途

蕨类植物有很多用途。有些蕨类植物，如满江红，是农业生产上的优质饲料和肥料；有些蕨类植物具有药用价值，如金毛狗能治刀伤出血，贯众能治腹痛。此外，还有一些蕨类植物，如菜蕨、西南凤尾蕨等还含有丰富的营养物质，能用作蔬菜食用。

·奥秘大公开·

形态各异的叶子

蕨类植物的叶子千差万别。生长在热带的树蕨高达 24 米，顶部生有 5 米多长的羽状复叶；有些蕨类，如石松的叶子则呈针状，密生在茎上。

红豆杉

luǒ zǐ zhí wù hé bèi zǐ zhí wù
裸子植物和被子植物

luǒ zǐ zhí wù shì dì qiú shang zuì zǎo yǐ zhǒng zi fán zhí de zhí
裸子植物是地球上最早以种子繁殖的植
wù tā men de zhǒng zi méi yǒu guǒ pí bāo guǒ yě méi yǒu zhēn zhèng de
物，它们的种子没有果皮包裹，也没有真正的
huā bèi zǐ zhí wù shì zhí wù fā zhǎn de zuì gāo jiē duàn tā men de
花；被子植物是植物发展的最高阶段，它们的
zhǒng zi yǒu guǒ pí bāo guǒ bìng qiě néng gòu kāi huā
种子有果皮包裹，并且能够开花。

种子裸露的裸子植物

松树

形形色色的裸子植物

裸子植物的种类虽只有800种左右，在植物界中种类最少，但它们分布广、数量大，既有高大的乔木，也有矮小的灌木。松树、银杏、柏树、杉树、苏铁、百岁兰等都属于裸子植物。

能够开花的被子植物

裸子植物的用途

裸子植物在工业、建筑业、医药、庭园绿化和环保等方面都有很高的利用价值。高大的裸子植物可用作绿化；一些裸子植物材质坚固，不易腐烂，可用作建筑材料。此外，有些裸子植物还可提供工业原料，如松树可提炼出松节油和松香等。

·奥秘大公开·

中国的裸子植物

中国的裸子植物有近300种，其中很多是中国特有的，如水松、福建柏、百山祖冷杉等。此外，中国还保存了被人称为“活化石”的银杏、水杉、金钱松、红豆杉等珍稀的裸子植物。

苏铁是一种古老的裸子植物，主要分布在热带、亚热带地区。

单子叶植物玉米

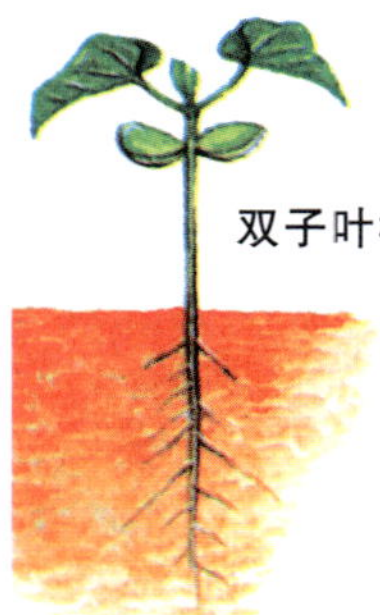

双子叶植物大豆

最大的植物家族

全世界有20多万种被子植物，而藻类和苔藓只各有2万多种，蕨类有1万多种，裸子植物仅有800种左右。所以，被子植物是植物界中种类最多的。

双子叶植物与单子叶植物

被子植物分为双子叶植物和单子叶植物两大类。双子叶植物的种子中包含两片子叶，棉、麻、大豆、白菜、苹果等都属于双子叶植物；单子叶植物的种子中只有一片子叶，玉米、水稻、百合等都是单子叶植物。

美丽的花朵

shuǐ shēng zhí wù hé hàn shēng zhí wù
水生植物和旱生植物

shuǐ shēng zhí wù shì zhǐ nà xiē néng gòu zài chí táng xiǎo xī hé liú děng shuǐ yù shēng huó de zhí wù bāo kuò tǐng shuǐ zhí wù fú shuǐ zhí wù hé chén shuǐ zhí wù hàn shēng zhí wù shì zhǐ shēng zhǎng zài huāng mò huò yán jiǎn dì li de zhí wù rú luò tuo cì hú yáng xiān rén zhǎng děng

水生植物是指那些能够在池塘、小溪、河流等水域生活的植物，包括挺水植物、浮水植物和沉水植物；旱生植物是指生长在荒漠或盐碱地里的植物，如骆驼刺、胡杨、仙人掌等。

睡莲

挺水植物

挺水植物一般生活在靠近岸边的湿地或较浅的水域中。这类植物的根固定在水下土壤中，上部挺出水面，且枝叶都比较硬挺。香蒲、芦苇、荷花等都是挺水植物。

池塘里的水生植物

浮水植物

浮水植物的体内贮藏有较多的气体，使叶片或植物体能平稳地漂浮在水面上。有的浮水植物能完全漂浮在水面，如浮萍、荇菜等；有的是根状茎埋于水底泥中，而叶片浮于水面，如睡莲等。

沉水植物

沉水植物的植株全部或大部分沉于水中，这类植物的植物体各部分都能吸收水分和养料。沉水植物的叶子大多为带状或丝状，如苦草、狸藻、黑藻、金鱼藻等。

黑藻是常见的沉水植物，广泛分布于池塘、湖泊和水沟中。

骆驼刺是骆驼的美味食品，为了吸取水分，它的根深深扎向地底深处。

沙漠里的巨型仙人掌

盐生植物

有些旱生植物具有很强的耐旱能力，它们能够在缺水的盐碱地里生活。如盐生草、盐角草、梭梭、沙枣、骆驼刺等，这类植物为盐生植物。

·奥秘大公开·

各怀绝技的沙漠植物

纺锤树能贮存 2 吨多的水，不仅能满足自己的需要，还能帮助其他动物生存。胡杨到了旱季就脱掉全身的叶子，停止生长。下雨时，它又吸收水分，长出新叶来。

沙漠里的植物

沙漠里的植物都有特殊的形态和特性。它们的叶片大都较小，有的甚至退化。但它们的根系却很发达，吸水能力很强，使其能在缺水的沙漠里生存下去。

gāo shān zhí wù hé jí dì zhí wù
高山植物和极地植物

环境严酷的极地

gāo shān zhí wù shēng huó zài hǎi bá jǐ qiān mǐ de shān mài shang
高山植物生活在海拔几千米的山脉上，
nà li kōng qì xī bó quē shuǐ shǎo yǔ xuě lián gāo shān dù juān shì
那里空气稀薄、缺水少雨，雪莲、高山杜鹃是
diǎn xíng de gāo shān zhí wù jí dì zhí wù shì zhǐ shēng huó zài dì
典型的高山植物；极地植物是指生活在地
qiú nán běi jí quān nèi de zhí wù dà duō shù wéi dī děng zhí wù
球南、北极圈内的植物，大多数为低等植物。

矮小的雪莲

雪莲生长在海拔 4000 米的高山上，是典型的高山植物。雪莲植株矮小，茎和叶上都生有厚厚的白色茸毛，既能防寒保暖，又能反射高山上阳光的强烈辐射。

雪莲花

每年七八月，雪莲盛开，花朵像莲花一样，美丽无比。

高山植物体内有一种特殊的防冻液，它能帮助植物抵御严寒。

高山上的树木

树大招风

为了保暖和防止水分散失，高山植物大多成片地簇拥在一起，平贴于地面生长。但高山上也有高大的树木，只不过因为高山上时常刮大风，它们常常被吹得歪向一边生长。

极地的高等植物，从开花到结果，整个生命周期不到两个月。

高等植物的流放地

在北极也有被子植物、裸子植物等高等植物，比如极地柳、矮桦、仙女木、岩高兰、碎米荠等。不过，生长在极地的高等植物生长期短，生长缓慢，也没有其他地方的同类植物高大。

·奥秘大公开·

站得最高的植物

高山植物都很矮小，但它们的生长地海拔都很高。其中站得最高的植物要数分布在西藏中西部和阿富汗等地的囊矩翠雀花，它能生长在海拔 6000 米的地方。

低等植物的家园

南、北两极集中生长着很多低等植物。北极的格陵兰岛上有 300 多种地衣和 600 多种苔藓。这些植物是驯鹿等动物的美味食物。在南极冰冷的海水中，生长着很多红藻，即使在深海里，它们也能吸收极其微弱的光照，为自己制造营养。

北极地区的地衣

rè dài yǔ lín hé hǎi biān zhí wù
热带雨林和海边植物

rè dài yǔ lín jí zhōng zài nán měi xī fēi hé dōng nán
热带雨林集中在南美、西非和东南
yà dì qū nà li fēng fù de yǔ shuǐ hé yǎng liào shǐ tā men
亚地区，那里丰富的雨水和养料使它们
wú bǐ fán mào hǎi biān zhí wù zhǐ shēng
无比繁茂。海边植物指生
zhǎng zài hǎi bīn de zhí wù rú yē zi
长在海滨的植物，如椰子
shù hé zōng lǘ shù děng
树和棕榈树等。

热带雨林中的植物长得非常茂盛。

非洲热带雨林

热带雨林中的藤本植物长可达几百米。

·奥秘大公开·

板状根

板状根像一块扁平的三角形木板，它从树干下部生出，斜入土中，有支持树干的功能。板状根是热带雨林特有的现象，有的板状根可高达三四米，颇为壮观。

藤葛交错

在热带雨林中，植物为了争夺空间和阳光，都努力往高处生长。藤本植物会借助其他植物的支持，穿插在树冠空隙中，努力攀到森林上层，来获取阳光，从而形成了藤葛交错的雨林景观。

独木成林

在热带雨林中生长的榕树，能不断生长出气生根，入土后的气生根又能长成一棵树。这使得榕树的树冠越来越大，就像一片树林一样，从而形成了独木成林的奇特景观。

雨林奇观

美丽的椰子树

棕榈树

椰子树

椰子树是热带海滨常见的植物。它们茎干高大不分枝，树干顶部长有大型的羽状叶片。椰子树大多朝着海边生长，把树枝伸向海面。这种生长方向可以使椰子在成熟后，直接落到水里，随海水漂到远方去繁殖后代。

椰子树是海边的标志性景观。

·奇妙大看台·

沙丘上的小草

海边的沙丘上，通常长着一丛丛的小草，它们长长的地下茎扎在沙子里面，这样就不会被风吹走。这些小草能让沙丘变得更加稳固，使沙丘后面的植物能顺利生长。

沙丘上的小草

面朝大海生长的椰子树

棕榈树

棕榈树也是热带和温带海边的常见植物。它和椰子树一样，茎干不分枝，且叶子簇生在茎顶。但棕榈的茎粗壮直立，叶子为掌状叶，形态与椰子树有着明显的差别。

liáng shi zuò wù
粮食作物

hěn duō zhí wù bèi rén lèi xuǎn wéi liáng shi zuò wù rén men gēng
很多植物被人类选为粮食作物，人们耕
zhòng tā men shōu huò tā men de guǒ shí zuò wéi zhǔ shí shí yòng liáng
种它们，收获它们的果实作为主食食用。粮
shi zuò wù de zhǒng lèi hěn duō zhǔ yào yǒu dào
食作物的种类很多，主要有稻
zi xiǎo mài yù mǐ xiǎo mǐ děng
子、小麦、玉米、小米等。

粮食加工

高山水稻田

稻子

稻子是世界上最重要的粮食作物之一。稻子结出的子实叫稻米，去壳后就是我们熟悉的大米了。稻子可分为陆稻和水稻。陆稻生长在陆地上，有较强的耐旱性，水稻一般种在水田里。

· 奥秘大公开 ·

水稻的传播

我国是世界上最早种植水稻的国家。3000 年前，中国的稻谷传入朝鲜和越南。公元前 5 世纪，中国的粳稻东传日本。5 世纪，水稻经伊朗传到西亚，后经非洲传入欧洲和美洲。

稻子

不同品种的稻米

· 奇妙大看台 ·

花玉米

玉米的花粉靠风来传播。玉米的品种繁多、颜色各异。如果在黄玉米的旁边种上白玉米，在风的作用下，它们相邻的植株里，就可能产生黄白相间的“花玉米”。

漂亮的“花玉米”

小麦

小麦是世界上最早栽培的植物之一，也是世界上种植最广泛的粮食作物之一。小麦含有比较高的营养成分，味道可口，可以做成馒头、面条、面包等食物。在我国，小麦是仅次于水稻的主要粮食作物。

用小麦面粉做成的面包

小麦的顶端都长有长长的麦芒。

小米粥

玉米

玉米在世界各国几乎都有种植，现今世界上约有三分之一的人口以玉米为主要粮食。玉米营养丰富，用它做成的食物有玉米粥、面包等。同时，玉米还是优质的饲料。

粟

粟由野生“狗尾草”选育而来，是我国最古老的栽培作物之一，也是世界上广泛种植的粮食作物。粟现在通称为谷子，去壳后叫小米。它的适应性强，可以在干旱和土壤贫瘠的地方生长，在良好的栽培条件下就可获得高产。

营养丰富的玉米

豆类作物

豆类作物如大豆、绿豆、蚕豆、豌豆等，营养丰富，蛋白质含量高，是人类蛋白质营养的重要来源。以它们为原料加工制成的食品，如豆腐、豆浆、绿豆粥等，都深受人们喜爱。

豆腐是我们常吃的食品。

大豆

大豆是青豆、黑豆、黄豆的总称。它是豆科植物中最富营养而又易于消化的食物。大豆中含有人体必需的氨基酸，人们经常吃的豆腐、豆腐干、黄豆芽等副食品都是大豆做的。

营养丰富的豆制品

黑豆的蛋白质和铁质的含量较高，另外还含有脂肪、碳水化合物、胡萝卜素、维生素 B_1、维生素 B_2 等营养物质，被人们誉为“豆中之王”。

绿豆

绿豆也叫青小豆，原产于中国和印度。绿豆富含蛋白质和维生素，既可作主食、糕点，也可加工成粉丝、豆沙等食品。夏季喝绿豆汤，可以预防中暑，清热解毒。

绿豆

豌豆

豌豆又叫麦豆、寒豆，原产于亚洲和欧洲，我国各地均有种植。豌豆含有蛋白质、糖分及维生素，可加工成粉丝等食品。豌豆的苗是优质的蔬菜，茎叶可作饲料和绿肥。

蚕豆

豆类及豆制品

豌豆

·奥秘大公开·

营养美味的豆制品

豆腐是我们常吃的豆制品，它营养丰富。豆腐里所含的植物蛋白有人体必需的 8 种氨基酸。据分析，100 克豆腐的蛋白质含量比 100 克羊肉的还要多。

扁豆

扁豆为豆科多年生或一年生缠绕藤本植物。扁豆营养丰富，含有蛋白质、脂肪和碳水化合物等。扁豆按颜色可分为白扁豆、青扁豆和紫扁豆三种。

扁豆

yóu liào zuò wù
油料作物

各种各样的植物油

yóu liào zuò wù shì zhǐ néng gòu zhà yóu de zhí wù tā men zài
油料作物是指能够榨油的植物，它们在
wǒ men de shēng huó zhōng yǒu zhe zhòng yào de zuò yòng wǒ guó zāi
我们的生活中有着重要的作用。我国栽
péi de yóu liào zuò wù zhǔ yào yǒu yóu cài huā shēng xiàng rì kuí
培的油料作物主要有油菜、花生、向日葵、
zhī ma dà dòu bì má děng qí zhōng huā shēng yóu
芝麻、大豆、蓖麻等。其中，花生、油
cài hé zhī ma shì wǒ guó sān dà yóu liào zuò wù
菜和芝麻是我国三大油料作物。

油是人们日常烹调中必不可少的佐料，如果没有油，烹调出来的食物将会淡而无味。

· 奥秘大公开 ·

世界油王——油棕

油棕外形像椰子树，它的果皮和种仁含有大量的油，产油量极高。优良的油棕单位面积的产油量是花生的5倍、椰子的6倍，大豆的12倍。所以，油棕是当之无愧的世界油王。

花生

花生是我国主要的油料作物，地上开花，地下结果，在植物界可谓绝无仅有。花生在我国种植面积很广，以暖温带、亚热带和热带的沙土和丘陵地区为主，其中，山东、广东、广西、福建是花生的主要产地。

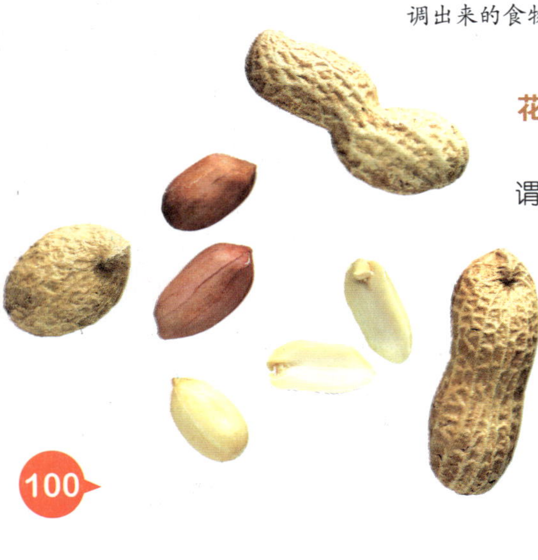

用花生榨的花生油不仅营养丰富，而且还能预防心血管疾病。

食用油

油菜子可以榨油，菜油是人们常吃的植物油。

油菜

油菜是我国播种面积最大，分布最广的油料作物。它的种子很小，但含油量很高，一般可达50%。油菜品种多，适应范围广，对自然条件要求不高，因此它的分布非常广泛。

芝麻

芝麻

芝麻种子虽小，但含油量高达60%，为三大油料作物之首。我们常吃的香油就是用芝麻榨成的。我国自古就有许多用芝麻、芝麻油制作的名特食品和美味佳肴。

向日葵

向日葵是一年生草本植物，它的种子葵花子可以榨出极富保健作用的食用油，具有降血压、预防心血管病等特效保健作用。随着食用葵花油的人群数量不断增多，向日葵成了世界主要油料作物之一。

其他油料作物

tánɡ liào zuò wù hé yǐn liào zuò wù
糖料作物和饮料作物

wǒ men chī de tánɡ hěn dà yí bù
我们吃的糖很大一部
fen shì tánɡ liào zuò wù tí ɡōnɡ de
分是糖料作物提供的。
tián cài ɡān zhe děnɡ dōu shì zhònɡ yào de tánɡ liào zuò
甜菜、甘蔗等都是重要的糖料作
wù chú le tánɡ yǐ wài rén lèi de shēnɡ huó tónɡ
物。除了糖以外，人类的生活同
yànɡ yě lí bù kāi yǐn liào chá kā fēi hé kě kě bèi
样也离不开饮料。茶、咖啡和可可被
chēnɡ wéi shì jiè sān dà yǐn liào zuò wù
称为世界三大饮料作物。

甜菜

甜菜是重要的糖料作物。起初甜菜只被作为蔬菜、饲料，后来人们发现了甜菜肥大而多汁的块根含有丰富的糖分，这才将它作为糖料作物栽培。现在甜菜成了世界制糖工业的两大原料之一。

茶

茶叶经过晒、晾、炒等工序后，就可制成饮品茶叶。茶叶含有多种维生素，具有保健作用。茶叶可分为绿茶、红茶、乌龙茶、白茶、黑茶等。

甜品和茶

这些形式各样的巧克力都是用可可粉制成的。

· 奥秘大公开 ·

中国十大名茶

中国十大名茶是：浙江西湖“龙井”、江苏洞庭“碧螺春”、安徽黄山“毛峰”、祁门红茶、六安瓜片、湖南“君山银针”、河南信阳毛尖、江西庐山“云雾”、福建武夷岩茶、安溪“铁观音”。

甘蔗

甘蔗茎秆里含糖量达 17%，是世界重要的糖料作物，在我国南方广泛种植。甘蔗有两种：制糖用的是糖蔗，我们常吃的清甜可口的甘蔗是果蔗。

甘蔗的茎里存有许多糖分。

可可

生长可可果的可可树高 4～10 米，它的果实一般呈纺锤形，果皮表面粗糙。可可果成熟时呈黄色或红色，内有种子即可可豆。可可豆还可以加工成可可粉，主要用作饮料和制作巧克力等食品的原料。

咖啡

咖啡是经济价值很高的饮料作物，其产量、消费量居世界饮料作物之首。咖啡果实呈椭圆形，每个果实含 2 枚种子。种子炒熟粉碎制成咖啡粉，可用开水冲泡饮用。

咖啡豆和咖啡饮料

茶叶含有多种维生素，具有保健作用。

yào yòng zhí wù
药用植物

一些植物的根、茎、叶、果实可以制成各种各样的中药。

fēng fù duō cǎi de zhí wù yī zhí shì yào wù de zhòng yào lái
丰富多彩的植物一直是药物的重要来
yuán zhè lǐ de xǔ duō huā cǎo shù mù dōu shì zhēn guì de yào cái
源，这里的许多花草树木都是珍贵的药材。
bǐ rú rén shēn gǒu qǐ huáng lián gān cǎo jīn yín huā bái zhú
比如人参、枸杞、黄连、甘草、金银花、白术、
líng zhī děng dōu jù yǒu shén qí de zhì liáo hé bǎo jiàn xiào guǒ
灵芝等，都具有神奇的治疗和保健效果。

人参

人参是名贵的药用植物，它的主根短粗肥大，形状似人形，因此而得名。野生人参一般长在深山野林里，具有很高的药用价值。现代医学证明人参具有抗疲劳、提高免疫力、调节血压等功能。

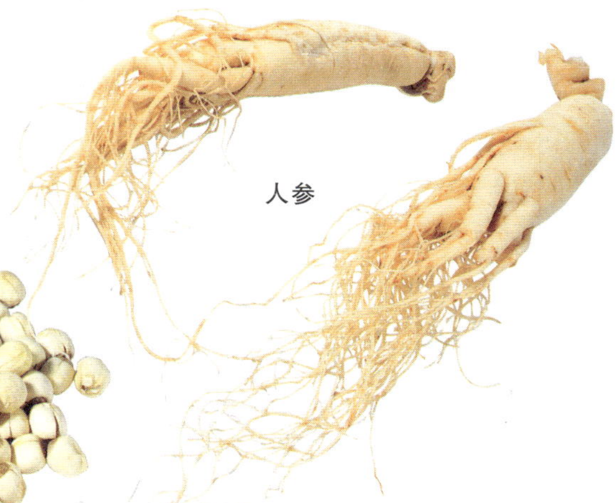

人参

莲的种子莲子也可入药，它有清热泻火的功效。

灵芝能促进血液循环、解除疲劳、调解人体机能，是珍贵的药材和保健食品。

胖大海主要用于治疗咽喉肿痛、干咳无痰等症。

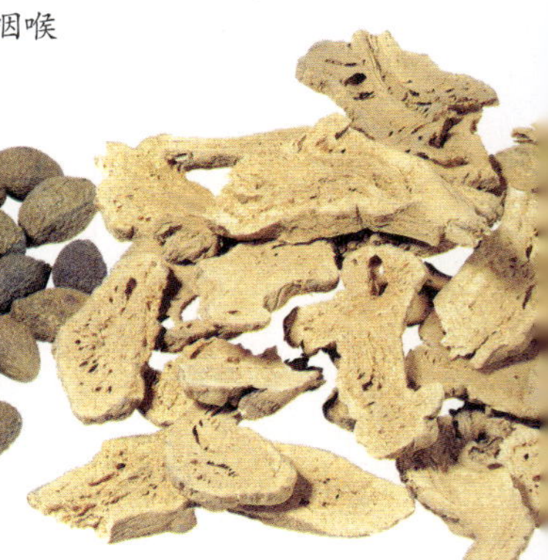

白术的根状茎肥大，呈块状，有健脾益气、止汗等功效。

枸杞

枸杞的果实、花、叶、根、皮都可入药。枸杞的果实鲜红可爱，被称做“枸杞子”。枸杞子具有润肺、清肝、滋肾、益气、明目等功效，是天然的滋补良药。

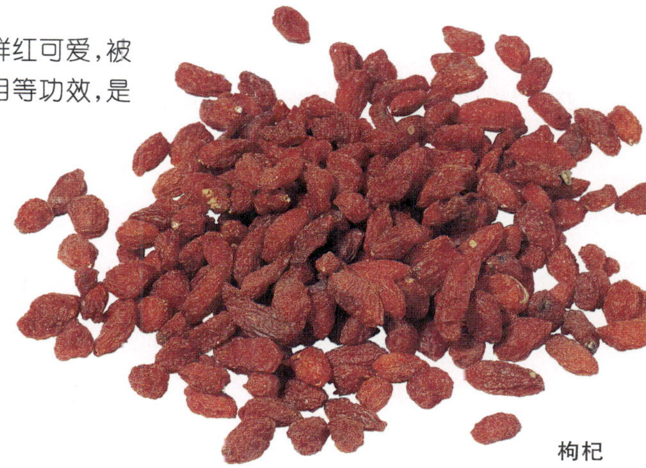

枸杞

黄连的根状茎因含有多种生物碱，所以味道很苦，但疗效很好。

黄连

黄连是日常生活中常用的中药材，它的根状茎可以入药，有泻火解毒、清热燥湿的功效，可以治疗高热烦躁、痢疾、口疮等。

·奥秘大公开·

历史悠久的中药

我国远古时代就有神农尝百草的传说。汉代的《神农本草经》记载了365种药物。明代李时珍写的《本草纲目》，被誉为“中药宝库”。

何首乌表皮呈紫黑色，块根及茎为主要药用部分，有补肝肾、增强免疫力等功能。

甘草

甘草又称甜草。它的根茎里含有一种叫甘草甜素的物质，有解毒、祛痰、止痛的功效。在中药处方上，甘草运用非常广泛。所以，甘草有“草药之王”的美名。

连翘的药用部分为果实。连翘果实具有清热解毒的功效，对流感病毒有抑制作用。

甘草

xiāng liào zhí wù hé měi róng zhí wù
香料植物和美容植物

xiāng liào zhí wù jù yǒu dú tè de xiāng wèi rú méi gui bā jiǎo
香料植物具有独特的香味，如玫瑰、八角
děng tā men zài xiāng liào hé shí pǐn gōng yè zhōng yǒu zhòng yào de zuò yòng
等，它们在香料和食品工业中有重要的作用；
měi róng zhí wù rú lú huì níng méng děng néng ràng rén biàn de gèng jiā nián
美容植物如芦荟、柠檬等，能让人变得更加年
qīng piào liang
轻漂亮。

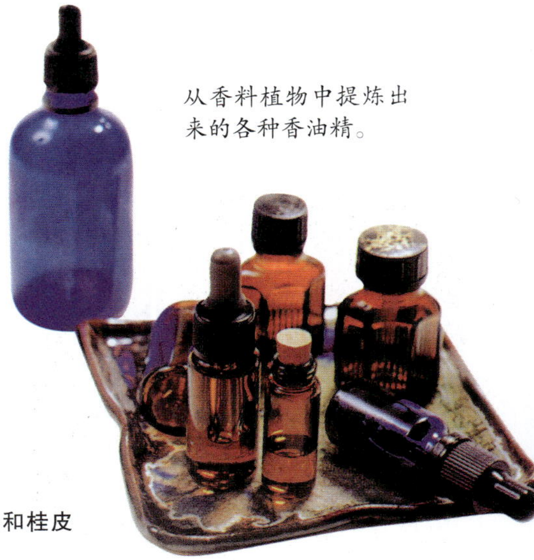

从香料植物中提炼出来的各种香油精。

八角和桂皮

八角

八角又叫大料、大茴香，是我国珍贵的香料树种之一。八角的果实和枝叶具有浓烈的香味，可调味，是我们日常生活中常常用到的烹饪香料。

玫瑰是著名的香料植物。

玫瑰也能美容。

玫瑰香水

玫瑰

玫瑰是最常见的香料植物之一。玫瑰花瓣可用来提取玫瑰油，气味芳香的玫瑰油可用于制造香水等化妆品。另外，从玫瑰油废料中提取的玫瑰水还是天然的护扶品。

西瓜汁也有滋润皮肤的作用。

芦荟

芦荟是绿色纯天然的美容植物。它不仅具有杀菌功能，还含有丰富的维生素和人体肌肤所必需的氨基酸、矿物质，可以使肌肤光滑，富有弹性。

玫瑰

·奥秘大公开·

奇妙的芦荟

非洲南部有一种树状芦荟。它高达 20 米，树干上长有剑形的叶子，叶子中间长出的黄色花穗会散发出令人头疼的气味。这种树传说 100 年开一次花，人们都叫它“百年树”。

柠檬因其良好的护肤效果而广受女士们喜爱。

柠檬

柠檬也是天然的美容佳品，其淡黄色的果实中富含维生素 B_1、维生素 B_2、维生素 C 和柠檬酸，它们不仅能使皮肤白皙，还能消毒去垢，清洁皮肤，令肌肤变得美白而富有光泽。

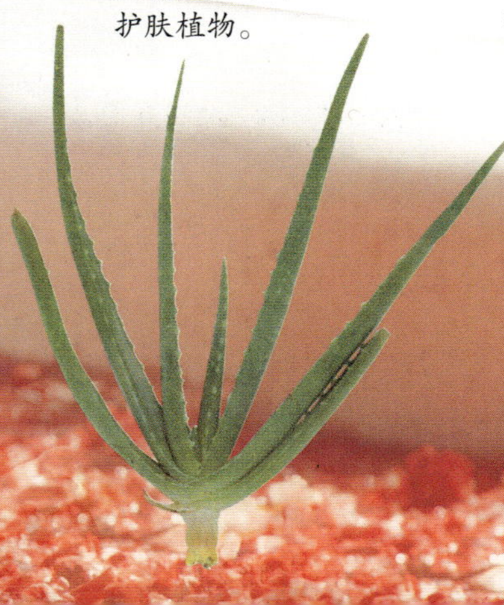

芦荟是极好的护肤植物。

薰衣草也是著名的香料植物，从其花穗中提炼制成的精油香气清爽、芬芳怡人，能让人感到安宁、镇定。

shuǐ guǒ
水果

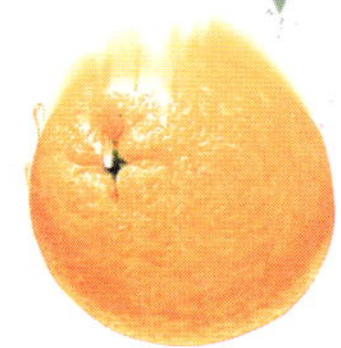

多吃水果对我们的身体有益。

shuǐ guǒ shì zhǐ duō zhī qiě yǒu tián wèi de zhí wù guǒ shí rú
水果是指多汁且有甜味的植物果实，如
duō zhī de táo qīng xiāng de píng guǒ suān tián de pú táo shuǎng
多汁的桃、清香的苹果、酸甜的葡萄、爽
kǒu de lì zhī děng shuǐ guǒ bù dàn sè zé xiān měi xiāng tián kě
口的荔枝等。水果不但色泽鲜美、香甜可
kǒu hái hán yǒu rén tǐ suǒ xū de fēng fù de yíng yǎng shēn shòu rén
口，还含有人体所需的丰富的营养，深受人
men xǐ ài
们喜爱。

西瓜是人们夏季最爱吃的水果之一。

苹果

北方水果

我国北方地处温带，果实一般成熟于特定季节，夏秋时节水果较为丰富。我们常吃的苹果、梨、杏、西瓜、桃等都是北方的水果。

味美多汁的桃

·奇妙大看台·
方形西瓜

西瓜怎么会长成方形的呢？原来，在西瓜初生时，人们用木板在它周围围成四方形，强行使它长成方形。方形西瓜不仅外形美观可爱，而且它不会滚动，便于运输。

市场上的方形西瓜

·奥秘大公开·

能长字的苹果

果农在苹果还没成熟时，将剪成各种字样的纸贴在苹果向阳的一面，结果苹果被纸遮住的地方一直是绿的，而其他地方慢慢变红。这样，苹果上就会长出字来。

酸酸甜甜

水果按味道可分为三类：酸性、亚酸性、甜性。橘子、柠檬、草莓等属于酸性水果，苹果、芒果、葡萄、桃子等属于亚酸性水果，而香蕉、甜葡萄等则属于甜性水果。

成熟的苹果

南方水果

南方水果多是热带、亚热带水果，那里四季都可吃到香甜可口的水果。南方水果有荔枝、香蕉、柑橘、菠萝、芒果等，它们种类繁多、香味独特。

荔枝果肉多汁，营养丰富，是水果中的上品。

芒果

菠萝

我们的健康生活离不开各种各样的水果。

水果的营养

水果含有蛋白质、维生素和铁、钙、磷、镁等多种人体必需的微量元素，是人体维生素C的主要来源。常吃水果能美容养颜、瘦身减肥、保健养生，还能有效排除身体里的毒素。

柑橘味道鲜美，含丰富的维生素C。

shū cài
蔬菜

wǒ men de rì cháng shēng huó lí bù
我们的日常生活离不
kāi shū cài shū cài hán yǒu fēng fù de wéi
开蔬菜。蔬菜含有丰富的维
shēng sù dàn bái zhì hé kuàng wù zhì děng yíng
生素、蛋白质和矿物质等营
yǎng chéng fen bù tóng de shū cài shí yòng
养成分。不同的蔬菜食用
bù tóng de bù fen
不同的部分。

胡萝卜的根含有丰富的胡萝卜素，能促进小孩的身体发育和骨骼构成，成年人多吃胡萝卜，有抗癌保健作用。

萝卜可以御寒。

姜的根状茎肥厚，味道辛辣，是重要的调味品。

根茎类蔬菜

根茎类蔬菜可食用的部分是根或茎。如萝卜、胡萝卜等是以根为食用部分的；生姜、洋葱等是以根状茎和鳞茎为食用部分的。

洋葱以其肥大的鳞茎为食用部分，含有多种营养成分。

各种蔬菜是我们生活中不可缺少的食物。

鲜嫩的菠菜

叶类蔬菜

叶类蔬菜以叶为食用部分，如菠菜、白菜、青菜等。菠菜口感好，营养丰富，蛋白质、矿物质等含量很高；白菜是我们常吃的蔬菜，它味道清香，含有丰富的水分和营养。

冬天多吃大白菜可以预防感冒。

·奥秘大公开·

什么是绿色蔬菜

绿色蔬菜不是指绿颜色的蔬菜，而是指安全无污染的蔬菜。绿色蔬菜的产地有良好的生态环境，蔬菜生长过程及水、肥、土壤条件符合一定的无公害控制标准。

花类蔬菜

花类蔬菜是指可食用花的蔬菜。如花椰菜可食用的部分就是由无数的花序梗、花梗、未发育的花和苞片组成的。我们日常生活中常吃的花类蔬菜有花椰菜、黄花菜等。

种子、果实类蔬菜

种子、果实类蔬菜以植物的种子或果实为食用部分，它包括青椒、西葫芦、黄瓜、苦瓜、茄子、番茄、南瓜、冬瓜等。

西葫芦又叫美洲南瓜，果实为五棱形，嫩瓜为食用部分。

美丽的花卉装点着人们的生活。

月季

huā huì

花卉

huā huì jì bāo kuò jú huā jī guān huā fèng
花卉既包括菊花、鸡冠花、凤
xiān huā děng cǎo běn zhí wù yě bāo kuò méi huā táo
仙花等草本植物，也包括梅花、桃
huā yě mǔ dān cì tóng děng mù běn zhí wù qí
花、野牡丹、刺桐等木本植物。其
zhōng yǒu de shì shì nèi guān shǎng huā huì yǒu de zé wéi yě shēng huā huì tā
中有的是室内观赏花卉，有的则为野生花卉，它
men gòng tóng gòu chéng le měi lì de huā huì shì jiè
们共同构成了美丽的花卉世界。

鲜花可以陶冶情操。

仙客来的花和叶都具有很高的观赏价值。

倒挂金钟四季开花，是我国常见的盆栽花卉。

菊花

室内花卉

为了随时能欣赏到美丽的花卉，体验自然的乐趣，人们将它们移到室内，摆放在家里的各个角落。室内花卉主要有仙客来、倒挂金钟、一品红、朱顶红等。

·奥秘大公开·

可以食用的花卉

有的花卉不仅好看，还能做成美味佳肴。我国各地都有用花卉制作的菜肴，如北京的芙蓉鸡片，山东的桂花丸子，广东的菊花风骨，上海的荷花栗子，此外还有菊花鲈鱼、茉莉鸡脯等。

玉叶金花引人注意的不是它的花，而是它白色的叶状花萼。

野牡丹是我国华南地区常见的野生观赏植物，它的花朵呈红紫色，美丽大方，具有较高的观赏价值。

红玫瑰

花卉的寓意

花卉因各自不同的形态和颜色而被人们赋予了不同的寓意。如颜色丰富、鲜艳的康乃馨象征着母爱；火红的玫瑰表达了热烈的爱情；芬芳的百合象征着纯洁、友谊等。

野生花卉

除了人们专门栽培的室内花卉外，还有许多野生花卉，它们以美丽的花、叶等吸引人们前去观赏。如野牡丹、桔梗、玉叶金花、马鞍藤、刺桐、乌毛蕨等。

桔梗又叫铃铛花，它的花就像挂在花梗上的小铃铛。

绽放的花朵

花开有时令

不同的花有不同的开放时节，这是因为它们开花所需要的光照时间和温度不同。如桃花在春天开放、荷花在夏天开放、菊花在秋天开放、梅花在冬天开放等。而且一天内，花的开放时间也各异，如荷花在清晨开放，而夜来香则在晚上开放等。

独木成林

qí shù
奇树

zhí wù jiè li shēng zhǎng zhe bù shǎo qí yì de shù zhǒng rú yǒu huì shēng xiǎo shù de shù bù zhǎng yè zi de shù néng chǎn dà mǐ de shù guǒ shí zhǎng de xiàng miàn bāo de shù hái yǒu bù pà huǒ shāo de shù děng

植物界里，生长着不少奇异的树种。如有会生小树的树，不长叶子的树，能产大米的树，果实长得像面包的树，还有不怕火烧的树等。

日月潭生花的奇树

红树林

不长叶子的树

非洲的沙漠地区有一种树，它的茎干上光光的，一片叶子也不长，人们叫它“光棍树”。原来，光棍树的叶子是为减少水分散失退化掉了，而它的茎和枝条可以代替叶子进行光合作用。

形态奇特的光棍树

光棍树的树梢

大树生小树

热带地区的海岸泥滩上生长着一种奇怪的树木——红树。它的种子在树枝上就萌发成了幼苗，成熟的幼苗借助海风离开母体，然后在泥沙中迅速生长起来，就这样，大树生出了小树。

刚刚落地生长的红树幼苗

西谷椰子主要分布于马来半岛、印尼诸岛和巴布亚新几内亚等地。自古以来，西谷椰子的淀粉一直是当地土著居民的重要食粮。

紫薇原产于东南亚和大洋洲。它是一种很有趣的植物，若有人轻轻地抚弄一下它的树枝，它的树干就会摇动起来。因此，人们又叫它“痒痒树”。

“大米树”

在东南亚生长着一种能产大米的西谷椰子，它的树干里含有大量的淀粉，人们把这些淀粉放在清水里沉淀后，再晒干，就能加工成洁白晶莹的“西谷米”。因此，人们叫它“大米树”。

“鸽子树”因其花朵开放时，形似白鸽而得名，生长在四川、云南、湖北等地的原始森林里，是我国一级保护植物。

生长在南美洲的纺锤树远看像一个巨大的纺锤，它的树身能贮藏大量的水分。

·奥秘大公开·

黄山奇松

黄山是我国著名的旅游风景区，那里有许多奇特多姿的古松，如歪向一边生长的迎客松，长得像折扇的扇子松等。正是长时间的风吹雪压和独特的环境，使黄山松树长成了这样奇特的姿态。

猴面包树

猴面包树

猴面包树生长在热带草原上，它的树干像一个硕大的啤酒桶。猴面包树的树干木质松软，雨季时，可以吸收大量的水。它的果实长得像椭圆形的面包，猴子和狒狒都喜欢吃。

像啤酒桶一样的猴面包树

奇花异草

qí huā yì cǎo
奇花异草

zhí wù wáng guó li hái yǒu xǔ duō qí huā yì cǎo rú yǒu huì fā pí
植物王国里还有许多奇花异草，如有会发脾
qi de fèng xiān huā zhuān mén zài bào yǔ zhōng shèng kāi de hóng yù lián huā
气的凤仙花、专门在暴雨中盛开的红玉帘花、
huì tiào wǔ de tiào wǔ cǎo kàng jī dǎ néng lì chāo
会跳舞的跳舞草、抗击打能力超
qiáng de dǎ bù sǐ děng
强的“打不死”等。

有些草可以长在树皮上。

·奥秘大公开·

喜欢暴雨的花

有一种花叫红玉帘花，它喜欢盛开在暴雨中。原来，下暴雨时，气温会升高，水分蒸腾量也会增大，这使红玉帘花茎内开花激素升高，刺激它发芽生长，使它一下子就开花了。

凤仙花

跳舞草

“别碰我”

人有急脾气，花草也有急脾气，凤仙花就是个脾气火暴的家伙。如果用手碰碰它成熟的果实，凤仙花就会大发脾气，将里面的种子弹出一两米远。所以，人们干脆叫它“别碰我”。

“打破碗碗花”

铁线海棠是一种很奇特的植物，它体内含有强烈的刺激性物质，人摸了就会浑身奇痒难忍，以至于端碗时会失手把碗打破。所以，铁线海棠又叫“打破碗碗花”。

铁线海棠

“打不死”

“打不死”看似一种普普通通的草，可是它却有着比一般的草更加顽强的生命力。它不怕风吹、雨打、暴晒，也不怕严寒和高温，甚至被人踩烂了，也能接着生长。

“打不死”的小幼芽均匀排列在大叶片的边缘，一触即落，且会落地生根。

“打不死”

跳舞草

我国南方很多地方生长着一种会跳舞的草，它的一个叶柄上长着一片大叶、两片小叶。那两片小叶总是围着大叶舞动旋转。在旋转的时候，两片小叶时而合拢，时而分开，一分奇妙。

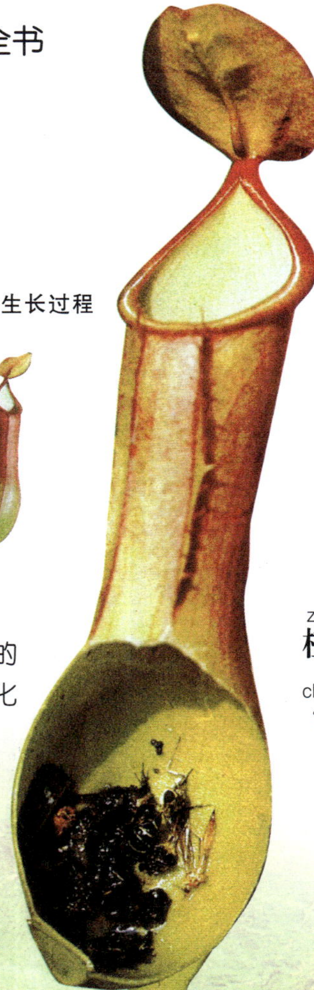

猪笼草

shí chóng zhí wù
食虫植物

zì rán jiè zhōng hái yǒu yī xiē zhí wù tā
自然界中还有一些植物，它
men kào xiān yàn de yán sè huò huā mì lái xī yǐn kūn
们靠鲜艳的颜色或花蜜来吸引昆
chóng jù yǒu bǔ shí kūn chóng de néng lì zhè xiē
虫，具有捕食昆虫的能力。这些
zhí wù guǎng fàn fēn bù zài shì jiè gè dì qí zhōng
植物广泛分布在世界各地，其中
cháng jiàn de yǒu zhū lóng cǎo píng zi cǎo máo zhān
常见的有猪笼草、瓶子草、毛毡
tái bǔ yíng cǎo děng
苔、捕蝇草等。

猪笼草的生长过程

猪笼草

猪笼草叶的上部是外形奇特的瓶状捕虫器，其瓶状体内能分泌消化液，并以特别的气味吸引昆虫进入内部。而昆虫一旦落入瓶内，就很难逃出，最终被它消化吸收。

吃虫子的猪笼草

瓶子草上很光滑，爬上去吮吸花蜜的小虫一不小心，就会跌进瓶子里。

瓶子草

瓶子草的叶子非常奇特，有的呈管状，有的呈喇叭状，看上去好似各种各样的瓶子。这些“瓶子”里面能分泌出香甜的蜜汁以引诱昆虫。昆虫一旦掉进瓶中，就别想再逃出去了。

瓶子草

·奥秘大公开·

形形色色的瓶子草

瓶子草的颜色各异，有的翠绿，有的绯红，有的嫩黄，有的紫红。它们的形态也多种多样，有的像牛奶瓶，有的像小号。还有一种瓶子草最奇特，它的瓶状叶子上部很像眼镜蛇的蛇头，被人们称为“眼镜蛇瓶子草”。

毛毡苔

毛毡苔多生长在阳光充足的湿地上，有着像花朵一样鲜艳的外表。毛毡苔的叶子能分泌黏液，将靠近它的昆虫粘住，并能卷曲起叶片将其包起来，消化吸收。

毛毡苔的捕食过程

张开叶子正等待猎物上钩的捕蝇草

捕蝇草

捕蝇草的叶子顶端是分成两片的肥厚的肉质叶，就像一个可以开合的贝壳，上面还长有针一样的硬毛。平时，两片叶子张开，当昆虫爬上去，触动了硬毛，叶子就会闭合，然后将昆虫“吃”掉。

猎到食物的捕蝇草

植物王国里有许多奇怪的成员，食虫植物就是其中的一类。

寄生植物种类很多，有的寄生在植物的树干上，有的寄生在植物的根上。

水晶兰主要分布在温带，它从被真菌分解的腐烂植物那里获得养分。

野菰在斯里兰卡、日本、菲律宾和我国均有分布，一般生长在林下、草地或阴湿的地方，寄生于芒草、芦苇等植物的根上。

jì shēng zhí wù
寄生植物

yǒu xiē zhí wù zì jǐ bù zhì zào huò hěn shǎo zhì zào yǎng liào yào kào cóng
有些植物自己不制造或很少制造养料，要靠从
qí tā zhí wù nà li xī qǔ yǎng liào lái shēng cún zhè xiē zhí wù jiù shì jì shēng
其他植物那里吸取养料来生存，这些植物就是寄生
zhí wù bǎi jì shēng tù sī zi dà wáng huā tán xiāng shù děng dōu shǔ yú jì
植物。柏寄生、菟丝子、大王花、檀香树等都属于寄
shēng zhí wù
生植物。

柏寄生

柏寄生

柏寄生靠吸取松树、云杉、冷杉、雪松和油杉等松柏类植物的养分为生。这种寄生植物的幼枝和叶上长有星状毛，叶子很小，呈椭圆形，花朵盛开时呈鲜红色。

菟丝子

菟丝子是一种典型的寄生植物。它的纤细蔓茎转动着向上生长，碰到合适的寄主，便缠绕附着上去。菟丝子由寄主供给水分和养料，会对农作物造成危害。

大王花

菟丝子常常寄生在农作物的身上，被人们称为植物界的“寄生虫”。

大王花

大王花生长在印度尼西亚的原始森林里，其花朵巨大，花冠上生有5片大花瓣。大王花没有根、茎、叶，完全靠吸取森林里藤本植物根部的营养生存。

·奥秘大公开·

挑剔的寄生植物

檀香是一种挑剔的寄生植物，它喜欢寄生在长春花、相思树、木棉等树上，不喜欢和油茶、肉桂、树菠萝和芒果等为邻。如果把它种在这些植物旁边，它就会明显生长不好，甚至枯萎死亡。

相思树是檀香喜欢的寄主。

肉苁蓉主要分布在我国西北地区，寄生在沙漠中的梭梭、红柳等植物的根部。

檀香

檀香是一种半寄生植物，它自己制造的养分满足不了自己的需要，便从根系上长出圆形吸盘，吸取长春花、相思树等植物根部的营养，以维持自己的生存。

植物的各种
防卫手段

huì fáng wèi de zhí wù
会防卫的植物

xǔ duō zhí wù wèi le shēng cún zài jìn huà guò chéng zhōng
许多植物为了生存，在进化过程中

xíng chéng le dú tè de zì wǒ bǎo hù de běn lǐng yǒu de zhí wù
形成了独特的自我保护的本领。有的植物，

rú sōng shù hé wō jù kào sàn fā qì wèi lái bǎo hù zì jǐ yǒu de
如松树和莴苣，靠散发气味来保护自己；有的

zhí wù rú xiē zi cǎo jīn hé huān zé kào lì cì lái fáng wèi děng
植物，如蝎子草、金合欢，则靠利刺来防卫等。

刺茄用茎上的硬刺来保护自己。

苜蓿在受到动物危害时，会释放出毒气，杀死来犯者。

·奥秘大公开·

有保镖的植物

产于南美的刺槐与其他植物的自我防卫不同，它们有贴身保镖来保护自己，那就是蚂蚁。平时，刺槐为蚂蚁提供蜜汁和蛋白质，蚂蚁为报答刺槐的“慷慨”，遇到啃食叶片的动物，就迅速前去击退来犯者。

松树

松树是靠自身产生的具有异味的物质来预防虫害的，这种物质叫松烯。在松树的树干、枝条、针叶和球果中都有这种物质，它散发的气味会把昆虫熏跑，使松树免遭虫害。

会驱虫的松树

金毛杜鹃的枝条和叶片上长有小硬毛，可以使来犯的动物难以下咽，从而免遭吞食。

莴苣

莴苣通过散发特殊的气味来对付天敌。它能散发出具有较强刺激性的苦味，使得菜粉蝶、菜青虫等害虫不敢靠近它，从而有效地保护了自己。

莴苣

蝎子草

金合欢

蝎子草

蝎子草的茎和叶片上长有尖锐如刺的刺毛，其底部能分泌对人和动物有刺激作用的物质——蚁酸。刺毛一旦被人碰触，便会断裂，放出蚁酸，使人的皮肤产生痛痒的感觉。这样，蝎子草就成功地保护了自己。

金合欢

金合欢的叶子呈灰绿色，花朵则是深黄色的。生长在非洲大草原上的金合欢，树冠高大，树枝和叶子上密密麻麻地长着长刺，这样可以很好地防止长颈鹿等食草动物的啃食。

非洲草原上的金合欢长有很多长刺，长颈鹿一般不敢啃食它们。

美丽的罂粟是生产毒品的原料，人若长期服用毒品，会危害身体，甚至危及生命。

yǒu dú de zhí wù
有毒的植物

zhí wù jiè li xǔ duō zhí wù dōu yǒu hěn dà de dú xìng rú
植物界里许多植物都有很大的毒性，如
màn tuó luó máo dì huáng jiàn dú mù jiā zhú táo děng rén yī dàn
曼陀罗、毛地黄、箭毒木、夹竹桃等。人一旦
shí yòng huò pèng chù le zhè xiē zhí wù jiù huì chǎn shēng gè zhǒng bù
食用或碰触了这些植物，就会产生各种不
liáng fǎn yìng shèn zhì wēi jí shēng mìng
良反应，甚至危及生命。

香豌豆的种子和开花时的茎、叶有毒，人若中毒就会两腿无力，行走困难。

曼陀罗

曼陀罗

曼陀罗的花冠呈漏斗状，像一只只小喇叭，很漂亮。可你千万别被它的外表迷惑，曼陀罗是有毒的，特别是它的种子毒性最强，人若不小心误食，会立即中毒。

毛地黄

毛地黄夏季开花，长穗状花序，由下到上依次开放，花朵很漂亮。但毛地黄也是有毒的，人误食后会引起胃部不适，并有头痛、腹泻、抽筋等症状。

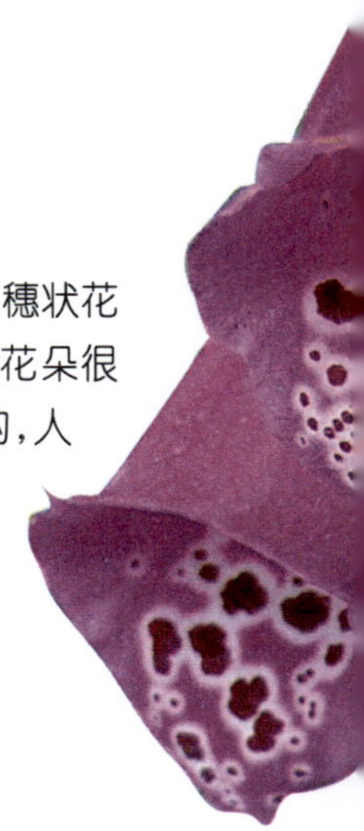

夹竹桃

夹竹桃开桃红色或白色花朵，一般作为观赏植物。夹竹桃的各部分都有毒，误食以后会出现头痛、恶心、呕吐、腹痛、耳鸣、四肢麻木等症状，严重的还会危及生命。

夹竹桃

其他有毒植物

铁海棠又名虎刺，它的根、茎、叶及汁液中都有毒。

彩叶芋的叶子和茎有毒，人误食后嘴唇、口腔和喉咙都会有麻痹和疼痛感。

一品红的白色乳汁会使人的皮肤过敏，误食会危及生命。

箭毒木

箭毒木的树皮、树枝和树叶中含有白色乳汁，乳汁里含有剧毒。这种乳汁不小心弄到眼里，眼睛马上就会失明，如进入血管，则会使人血液凝固，危及生命。

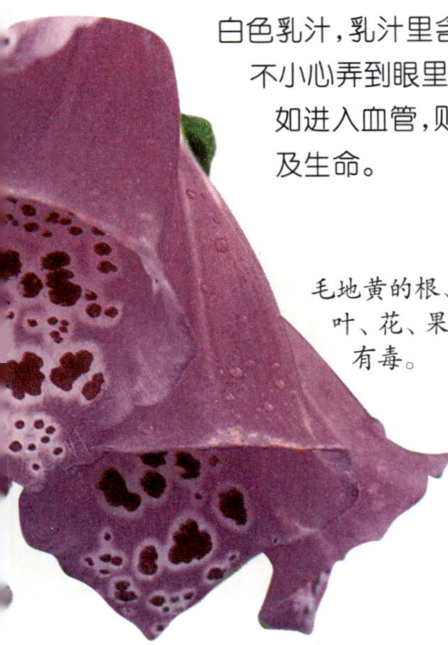
毛地黄的根、茎、叶、花、果实都有毒。

箭毒木是一种高大的乔木。

·奥秘大公开·

身边的有毒植物

我们身边常见的植物很多也是有毒的。如牵牛花的种子有毒，食用后会引起肠炎；水仙花的各部分都有毒，其中根部毒性较强，食用后会引起头痛、恶心等症状；路旁常见的槐树，生吃其叶子和果实也会引起中毒。

巨杉是世界上体积最大的树，最大的巨杉高达 83 米，“腰围”可达 11 米。

zhí wù zhī zuì
植物之最

zhí wù wáng guó li de chéng yuán zài xíng tǐ
植物王国里的成员在形体、
shòu mìng hé shēng zhǎng děng fāng miàn dōu gè jù tè
寿命和生长等方面都各具特
diǎn qí zhōng yǒu jù dà wú bǐ de jù shān hé wēi
点，其中有巨大无比的巨杉和微
hū qí wēi de wú gēn píng yǒu kāi huā shí jiān
乎其微的无根萍，有开花时间
zuì cháng de lán huā hé shòu mìng zuì duǎn de
最长的兰花和寿命最短的
xiǎo mài huā hái yǒu zuì gǔ lǎo de yín
小麦花，还有最古老的银
xìng děng
杏等。

大王花

无根萍

桉树家族里的高个子也很多，其中最高的是杏仁桉树。

最高的树和最矮的树

世界上最高的树是杏仁桉树，它有 100 多米高。澳大利亚有一棵杏仁桉树高达 156 米，有 50 层楼高。世界上最矮的树是生长在高山冻土的矮柳，树高不过 5 厘米。

青青的麦穗

兰花

开放时间最长和最短的花

兰花的开花时间最长，其中一种叫双叶草的兰花能开七八十天，可说是长寿花里的冠军；麦田里的小麦花开放时间最短，只有5～30分钟花便谢了，人们一般注意不到。

最古老的树种

银杏树是最古老的树种。它和恐龙是同时代的，起源于1.9亿年前。现存的银杏其历史也可以追溯到7000万年以前。现在，中欧及北美等地的银杏已全部灭绝，只有我国部分地区保留了一些银杏树种。

铁桦树是世界上木质最硬的树。

银杏

世界上最长寿的树是龙血树。龙血树生长得十分缓慢，几百年才长成一棵树，几十年才开一次花。

最大的花和最小的花

寄生植物大王花是世界上最大的花，其花的直径一般可达1.5米，它的5个花瓣重约15千克；世界上最小的花是无根萍的花，它只有针尖那么大，以至于我们的肉眼很难看清楚。

创世卓越 荣誉策划
Trust Joy Trust Quality

图书在版编目(CIP)数据

动物植物零距离/杜富中,史恩菲,申哲宇编撰.—昆明:云南教育出版社,2008.12
(21世纪入学儿童百科全书/龚勋主编)
ISBN 978-7-5415-3603-8

Ⅰ.动… Ⅱ.①杜…②史…③申… Ⅲ.①动物—儿童读物②植物—儿童读物 Ⅳ.Q95-49 Q94-49

中国版本图书馆 CIP 数据核字(2008)第 194973 号

21世纪
入学儿童百科全书
……动物植物零距离……

总策划	邢 涛
主 编	龚 勋
项目策划	李 萍
文字统筹	贾宝花
审 订	陈 博
编 撰	杜富中 史恩菲 申哲宇
出版人	李安泰
责任编辑	施国芬
设计总监	韩欣宇
装帧设计	赵天飞
版式设计	孟 娜
美术编辑	包 玉
插图绘制	一龙漫画工作室
图片提供	IC 传媒
印 制	鲍大军

出 版	云南出版集团公司 云南教育出版社
地 址	昆明市环城西路 609 号
经 销	全国新华书店
印 刷	三河市华新科达彩色印刷有限公司
开 本	1/16
印 张	9
字 数	130 千字
版 次	2009 年 1 月第 1 版
印 次	2009 年 1 月第 1 次印刷
书 号	ISBN 978-7-5415-3603-8
定 价	19.80 元